Die Welt unter Quarantäne

MAXIMILIAN DRIMALSKI

Die Welt unter Quarantäne –
Krisenjahr 2020

Bibliografische Information der Deutschen Nationalbibliothek
Die Deutsche Nationalbibliothek verzeichnet diese
Publikation in der Deutschen Nationalbibliografie; detaillierte
bibliografische Daten sind im Internet über http://dnb.d-nb.de
abrufbar.

Satz, Herstellung und Verlag: BoD - Books on Demand,
Norderstedt

ISBN 978-3-7504-3290-1

Inhalt

Vorwort:

Corona! Bei Büchern, so sagt man, müsse schon der erste Satz den Leser in die Welt einführen und mitreißen. Nun ja, der erste Satz besteht aus nur einem Wort. Kann überhaupt von einem Satz gesprochen werden, wenn es nur ein Wort ist? Wohl eher nicht. Na ja, lassen wir die Grammatikdiskussion. Mit diesem einen Wort sind Sie, sehr geehrter Leser oder sehr geehrte Leserin, auch schon mitten in der Thematik. Dieses eine Wort hat nämlich eine äußerst tiefgreifende Bedeutung. Denn es handelt sich um das Wort, welches im Jahr 2020 zum Wort des Jahres werden wird. Es ist aber auch ein Wort, das den meisten Menschen mittlerweile zu den Ohren rauskommt. Corona hier, Corona dort. Corona überall. In den Zeitungen, den Talkshows, bei der Arbeit, in den Sportvereinen, der Politik und zuhause beim Essen immer dasselbe Thema. Corona hat die Welt eingenommen.

Sollte jemand dieses Schriftstück in der Zukunft lesen und, auch wenn es heute unmöglich erscheint, nicht wissen, was das Wort „Corona" überhaupt bedeutet, erstmal zum Verständnis. Corona ist nicht etwa nur ein Bier, sondern ist in der Alltagssprache der Name eines neuen Virus.

Die Welt hat sich in den vergangenen Wochen für viele Menschen schlagartig verändert. Gegen Ende des Jahres 2019 brach das neuartige Coronavirus mit dem wissenschaftlichen Namen SARS-CoV-2 aus. Dieses kann die Lungenkrankheit Covid-19 verursachen, welche bei älteren Patienten oder jenen mit Vorerkrankungen häufig lebensbedrohlich werden kann. Am 11. März 2020 wurde das Virus von der Weltgesundheitsorganisation als Pandemie eingestuft. Es sollte in vielen Ländern Einfluss auf das Leben und den Alltag der Menschen nehmen, die Politik stark herausfordern, die Wirtschaft auf eine harte Probe stellen und zehntausende Menschen das Leben kosten.

Die langfristigen Folgen und die Entwicklungen des Virus für die Zukunft bleiben abzuwarten. Irgendwann wird dies, was heute und in naher Zukunft geschieht, Geschichte sein. Jeder Mensch und auch jedes Land geht mit dem Coronavirus auf eine andere Art und Weise um. Manche sehen es zu locker. Andere vielleicht auch zu streng? Ob Entscheidungen der Regierungen letztendlich zu früh oder zu spät getroffen worden sind und richtig oder falsch waren, lässt sich wohl erst im Nachhinein und mit einem gewissen Abstand beurteilen. Doch in Zeiten der Krise, der Angst und der Panik bieten sich auch Chancen. Chancen, um sich zu beweisen, als Mensch und als Bürger, als Gesellschaft und als Staat.

Obwohl die Leute sich aufgrund der sozialen Distanz eigentlich ferner sind, was als Maßnahme dient, um die Infektionsketten zu unterbrechen, sind sich viele doch auch ein Stück näher als sonst. Nicht körperlich, sondern geistig. Die Menschen sind in der Sache vereint, nämlich gemeinsam gegen die Bedrohung durch einen unsichtbaren Feind zu kämpfen. Probleme, die vor Kurzem von Bedeutung waren, erscheinen unwichtig aufgrund des Ausmaßes einer solchen Pandemie.

Die Tatsache, sich eingestehen zu müssen, dass man sich diesem Virus nur schwer widersetzen kann, fällt nicht leicht zu akzeptieren. Es kann lediglich versucht werden, das Virus zu „beschwichtigen", bis eine finale Lösung gefunden ist. Die Lösung des Problems wäre ein Impfstoff oder bestenfalls das Gegenmittel. Der Impfstoff wird bestimmt gefunden werden. Doch bis es so weit ist und dieser auf dem Markt ist, wird noch einige Zeit vergehen müssen.

Im Falle einer Erkrankung kann daher nur darauf gehofft werden, dass das Immunsystem gut funktioniert und die Symptome durch herkömmliche Arzneimittel gelindert werden können. Ansonsten kann bei einer Verschlimmerung des Gesundheitszustandes lediglich eine Beatmungsmaschine im Krankenhaus helfen. Doch ob genügend vorhanden sind, falls die Infektionszahlen noch drastischer nach oben gehen, sollte bezweifelt werden. Schließlich werden die anderen Patienten auch nicht weniger. Krankheiten wie Herzinfarkte oder Schlaganfälle haben die Menschen auch weiterhin, losgelöst von Corona. Auch wenn Messehallen und Sportstätten überall auf der Welt zu Krankenhäusern umfunktioniert werden und dadurch noch ein gewisser Spielraum geschaffen wird, sind die Kapazitäten irgendwann erschöpft. So viele Ärzte, Pfleger und Krankenschwestern gibt es nicht. Sie werden eher weniger, da diese Berufsgruppe in vorderster Front gegen das Virus arbeitet und sich häufig selber ansteckt. Dem Ernst der Lage sind sich die Politiker, die Entscheidungen treffen, bewusst und deshalb gibt es keine andere Möglichkeit, als eine temporäre Einschränkung des öffentlichen Lebens.

Um der Ausbreitung entgegenzuwirken, gelten besonders strikte Quarantäne und Ausgangsregeln. Beinahe jede Regierung eines betroffenen Landes hat etwaige Beschlüsse zur Eindämmung gefasst. In erster Linie natürlich deswegen, um das Risiko einer Infizierung zu minimieren. Im zweiten Schritt aber auch insbesondere deswegen, damit das Gesundheitssystem nicht überstrapaziert wird. Denn wenn das Virus über einen möglichst langen Zeitraum gestreckt wird, mit einer möglichst geringen Anzahl von Fällen, kann die Todesrate aller Voraussicht nach niedriger gehalten werden.

Besonders gefährlich wird es nämlich erst, wenn die medizinische Versorgung nicht mehr gewährleistet werden kann. Jedes Krankenhaus hat nur eine bestimmte Kapazität von Betten und Beatmungsgeräten. Sollte es der Fall sein, dass ein Krankenhaus oder eine Klinik ihre Kapazitätsgrenze erreicht hat und an ihre Grenzen stößt, kann es nämlich sein, dass nach dem Prinzip der Triage entschieden werden muss, wer leben darf und wer sterben muss. Die Triage ist eigentlich etwas, das vom Militär aus dem Krieg kommt. Die Bedeutung leitet sich vom französischen Verb „trier" ab, das „aussuchen" oder „auslesen" bedeutet. In den Feldlazaretten wird entschieden, bei wem die Überlebenschancen höher stehen. Nach Abwägung kümmert sich der Arzt dann um den Soldaten, bei dem er ein höheres Genesungspotenzial sieht, beziehungsweise lässt einen sterben, um vielleicht mehrere zu retten. Bei der Corona-Krise verhält es sich ähnlich. Hier bedeutet Triage, dass möglicherweise ein alter Mann oder eine alte Frau ihr Beatmungsgerät weggenommen bekommen, damit es an jüngere Patienten weitergegeben werden kann. Die Chancen werden abgewogen und die Wahrscheinlichkeit, dass jüngere Menschen eher wieder gesund werden als Ältere, liegen zumeist höher. Aber ist es moralisch vertretbar, dass Ärzte einfach so über Leben und Tod entscheiden dürfen?

Kein Arzt wird gerne vor eine solche Entscheidung gestellt werden. Die Verantwortung und der Druck in einer solchen Situation sind enorm. Ärzte haben in der Regel kein persönliches Verhältnis zu ihren Patienten, daher besteht zumindest eine gewisse Distanz, was es erleichtert, mit den Krankheiten und deren Verläufen umzugehen. Doch jemanden möglicherweise zum Sterben zu verurteilen, indem der Patient sich selber überlassen wird, ist etwas anderes. Dies mit seinem Gewissen zu vereinbaren ist bestimmt nicht leicht. Diese ethische Diskussion führt wohl niemals zu einem völlig richtigen Ergebnis. Doch harte Zeiten erfordern leider harte Maßnahmen. Sowohl die Ärzte als auch Pfleger und Krankenschwestern tun ihr Bestes, leisten Großartiges und machen eine hervorragende Arbeit, um den Menschen zu helfen. An dieser Stelle möchte ich mich im Namen der Allgemeinheit für ihre Leistung an der Gesellschaft bei jedem Einzelnen bedanken!

In den Nachrichten sind Bilder aus Italien zu sehen, wo Militärlastwagen Leichen abtransportieren, weil der Friedhof offenbar überfüllt ist und es in der Folge nicht mehr genügend Platz für die Gräber gibt. So findet zum Beispiel in der Stadt Bergamo, stand Ende März, jede halbe Stunde eine Beerdigung statt. In Birmingham wurde am Flughafen eine Leichenhalle für bis zu 1500 Tote gebaut. Bislang sind die Region Lombardei in Italien, Grand Est in Frankreich, die Städte Wuhan in China, Madrid in Spanien sowie New York in den Vereinigten Staaten von Amerika die am stärksten betroffenen Gebiete. Daher mein Mitgefühl besonders dorthin. Selbstverständlich auch an jeden Ort der Welt, wo das Virus sein Unwesen treibt.

Für Länder mit einem schwächeren Gesundheitssystem kann nur gehofft werden, dass sich das Virus dort nicht zu sehr ausbreitet. Wenn selbst in den hochentwickelten Ländern Europas und der USA Corona die Menschen verzweifeln lässt, was soll es erst mit den Menschen in Afrika machen, wo die medizinischen Verhältnisse nicht so gut sind. Hoffnung gibt das Wetter. Eine wärme Temperatur tötet die Viren vielleicht weitestgehend ab.

Die gesamten Umstände und die ganze Situation wirken auf mich noch immer surreal. Teilweise fühlt man sich ein bisschen wie in einem schlechten Science-Fiction-Film. Vor zwei Monaten suchte ich im Internet noch nach Karten für ein Spiel von Real Madrid im legendären Estadio Santiago Bernabeu. Gerne hätte ich einen Besuch mit einem Wochenendtrip verbunden. Im Moment ist dies nicht möglich. Die Grenzen in Europa sind dicht. Für jemanden, der zu einer Zeit geboren wurde, in der die offenen Grenzen in Europa, durch das Schengen-Abkommen, selbstverständlich sind, war eine solche Situation unvorstellbar. Es fühlt sich irgendwie komisch an, als sei diese Überlegung, mal eben schnell nach Spanien zu fliegen, schon eine

Ewigkeit her, dabei sind es doch nur einige Wochen. Die Bilder von Soldaten, welche die Grenzen schließen und bewachen, kennt man sonst nur aus anderen Teilen der Welt. Nicht aber von innerhalb Europas.

In Deutschland gibt es zwar keine Grenzschließungen der einzelnen Bundesländer, allerdings beschließen die Bundesländer teils eigene Regelungen. So passierte es mir, dass ich von Angehörigen die Empfehlung bekam, mich vorübergehend nicht unbedingt in Bayern, wo ich wohne, aufzuhalten, sondern für einen bestimmten Zeitraum vorzugsweise in meinem Elternhaus in Hessen zu leben. Auf der einen Seite ist das ein Kompliment und ein Zeichen von Respekt vor der bayerischen Exekutive, allerdings auch etwas bedenklich. So sind viele Freunde nicht in ihrer Stadtwohnung geblieben, sondern halten sich, während die Ausgangsbeschränkungen bestehen, lieber bei ihrer Familie in der Heimat auf. Es ist naheliegend, dass dies aber eher damit zusammenhängt, dass es einfach angenehmer ist, mit der Familie zusammen zu sein, als alleine in der Studentenwohnung zu sitzen.

Vor einigen Tagen wachte ich morgens auf und dachte, was für ein seltsamer Traum. Anscheinend habe ich im Schlaf versucht, die Informationen zu verarbeiten, die tagtäglich durch die Medien auf mich einprasseln. Für einen kleinen Moment war alles wie immer. Die Sonne schien durch das Fenster hinein. Es war ein sonniger und schöner Frühlingsmorgen. Ich hatte Corona für kurze Zeit vergessen. Doch schon nach ein paar Sekunden holte mich die Realität ein. Was ich für einen kleinen Augenblick für einen Traum gehalten hatte, war gar kein Traum, sondern das, was gerade wirklich passiert.

Es stellen sich aktuell viele Fragen zu dem Coronavirus. Nicht alle Fragen können momentan eindeutig und mit einer absoluten Gewissheit beantwortet werden. Tagtäglich gibt es neue Erkenntnisse und Veränderungen. Die derzeitige Lage wird von der Politik als dynamisch beschrieben. So kann es sein, dass das, was ich heute schreibe, morgen teilweise schon überholt sein wird. In den folgenden Kapiteln möchte ich versuchen, einige Fragen zu beantworten, insbesondere den Umgang von Gesellschaft und Politik mit dem Virus beleuchten, mir Gedanken über die Zukunft machen und die Auswirkungen der Corona-Krise diskutieren.

Wie konnte es überhaupt zu dieser Pandemie kommen? Was können wir vielleicht aus der Vergangenheit lernen? Gehen wir richtig mit dem Virus um? Verändert das Virus unser Verhalten? Wie geht es mit der Wirtschaft weiter? Was passiert mit Europa und wie sind die internationalen Auswirkungen?

Fragen über Fragen. Die Fragen wirklich beantworten kann uns erst die Zukunft. Es ist auf der einen Seite eine traurige Zeit, da viele Menschen sterben und sehr viele Menschen einsam sind. Niemand wünscht sich, diese Krise zu erleben. Jeder möchte, dass es so schnell wie möglich vorbei ist. Wenn es so wäre, wäre es schön. Doch wahrscheinlich wird uns dieses Virus noch mindestens einige Monate beschäftigen. Es ist allerdings auch eine spannende und aufregende Zeit. Vielen ist nicht bewusst und ich muss eingestehen, dass es mir bis vor einigen Tagen ebenfalls nicht klar war, in welchem historischen Moment wir leben. Ja historisch! Denn über die Auswirkungen dieser Krise reden möglicherweise unsere Enkelkinder im Geschichtsunterricht. Oftmals wirkt Geschichte etwas abstrakt. Nämlich als etwas, das ziemlich weit weg zu sein scheint. Der Mensch lebt in der Gegenwart und richtet sein Leben auf die Zukunft aus.

Gelegentlich wird zwar in Nostalgie geschwelgt. Meistens aber geht es, wenn wir über Geschichte und historische Entwicklungen im Allgemeinen nachdenken, um Krieg, Krisen und Systemveränderungen. Heute sind wir ein Teil der Geschichte, ob wir wollen oder nicht. Es wäre etwas Außergewöhnliches, wenn diese Krise erstmals in die Geschichte eingeht als ein Problem, welches die Menschheit solidarisch und gemeinsam gelöst hat. Sodass das Virus die Menschheit nicht weiter voneinander entfernt, sondern ein Stück näher zusammengebracht hat.

Bei aller Anspannung aufgrund der prekären Situation, obwohl es für alle aktuell gesundheitlich, wirtschaftlich und psychisch ein schwieriger Zustand ist und außerdem viele Menschen Angst haben: Das Virus wird überstanden werden. Es besteht Hoffnung. Die Menschheit hat schon schlimmere Krisen gemeistert. Sicherlich ist Corona eine große Herausforderung. Doch an Herausforderungen, welche geschafft worden sind, wächst der Mensch. Daher bin ich der festen Überzeugung, dass die Menschheit zwar geschwächt wurde, doch insgesamt gestärkt aus der Corona-Krise hervorgehen wird.

Allen Leuten, die durch die Pandemie Familie, Freunde und Bekannte verloren haben, mein aufrichtiges Mitgefühl und Beileid.

Kapitel 1: Die Entstehung: Von der Epidemie zur Pandemie

Der Ursprung des Virus lässt sich bislang nicht eindeutig feststellen. Die Verantwortung für den Ausbruch wird sich auf globaler Ebene gegenseitig zugeschoben. Jeder versucht, von den eigenen Fehlern im Umgang mit dem Virus abzulenken. Die einen behaupten, dass die USA das Virus in China ausgesetzt haben. Manche sehen die Schuld bei den Essgewohnheiten der chinesischen Bevölkerung. Andere wiederum denken, der Schriftsteller Dean Koontz hat mit seinem Buch „Die Augen der Dunkelheit" einen auf Nostradamus gemacht, die aktuelle Entwicklung bereits zu Beginn der 80er Jahre vorausgesagt, und es handelt sich bei dem Virus um eine biologische Waffe.

Das Buch von Koontz muss sich unter den Eindrücken des Kalten Krieges vorgestellt werden. Da es zum Zeitpunkt der Entstehung eine Entspannung zwischen den USA und Russland gab, wurde das Virus nicht nach einer russischen Stadt benannt, sondern einfach nach einer chinesischen Stadt. Da sich in Wuhan das „Wuhan Institute of Virology" befindet, ist schnell klar, warum sich der Schriftsteller für diesen Ort entschieden hat. Es blieben eigentlich gar nicht so viele andere Auswahlmöglichkeiten.

Außerdem werden Vermutungen geäußert, dass durch einen ungünstigen Zufall eine Virenkultur aus dem Labor hätte entweichen konnte. Die Tatsache, dass das Labor in Wuhan seit 2015 die höchste biologische

Schutzstufe (vier) hat, ist im Kontext Corona völlig unerheblich, da die Coronaviren in die Risikogruppe drei und somit eine Schutzstufe darunter eingeordnet werden. Im Gegenteil, da das Labor in Wuhan die höchste Sicherheitsstufe hat, werden die Sicherheitsvorkehrungen erst recht ausgesprochen hoch sein.

Die Vereinigten Staaten von Amerika leiden mit am stärksten unter dem Coronavirus, haben die meisten Infizierten und die meisten Opfer zu beklagen. Die Verschwörungstheorie, dass die USA das Virus in China ausgesetzt haben sollen, entbehrt jeder Logik. Die kreativen Ideen über den Ursprung sind zwar durchaus interessant, doch können auch schnell widerlegt werden.

Es ist wichtig, seine eigene Meinung kundzutun und diese zu teilen. Grade in solch schwierigen Zeiten, in denen die lebhafte Demokratie, durch die zumeist notwendigen Einschränkungen, leidet, ist es wichtiger denn je, staatliche Maßnahmen kritisch zu betrachten und zu hinterfragen. Doch in den sozialen Netzwerken sind teils wilde und völlig abstruse Verschwörungstheorien zum Thema Corona zu lesen, welche so weit hergeholt sind, dass jedem eigentlich sofort klarwerden sollte, dass diese zumeist gar nicht der Wahrheit entsprechen können. Dennoch teilen viele ihre Meinung im Internet und schaffen es so leider, Verwirrung und Misstrauen in der Bevölkerung zu säen. Auf diese Weise wird lediglich das Vertrauen in die Regierung untergraben und für Chaos, Unruhe und Angst innerhalb der Bevölkerung gesorgt. Es kursieren viele Falschmeldungen, die zu Desinformationen führen. Manche Menschen sollten erstmal recherchieren, bevor sie etwas posten und einfach mal darüber nachdenken, ob es wirklich notwendig ist, zusätzlich noch mehr „Fake News" zu verbreiten.

Aktuell ist es die plausibelste Vermutung, davon auszugehen, dass das Virus in der chinesischen Stadt Wuhan entstanden ist und es sich dementsprechend von hier aus in die ganze Welt ausgebreitet hat, da dort das erste Epizentrum war. Wahrscheinlich ist das Virus durch die Überwindung der Artenbarriere über einen oder mehrere Zwischenwirte erstmals auf einen Menschen übertragen worden. Im Zusammenhang mit dieser Theorie wurden häufig Fledermäuse und Schlangen als mögliche Zwischenwirte genannt. Bereits bei der SARS-Pandemie in den Jahren 2002/2003 bildet die Überwindung der Artenbarriere den wichtigsten Punkt in der Kausalkette, wie es zur Erstübertragung auf den Menschen gekommen ist. Daher ist es einfach nur naheliegend, ein ähnliches Muster in Betracht zu ziehen. Es wird gemutmaßt, dass der Larvenroller, ein katzenähnliches Tier, welches in China als Delikatesse gilt, im Jahr 2002 der Überträger auf den Menschen war. Nachgewiesen werden konnte diese Theorie allerdings nicht. Daher ist es wohl mehr als fraglich, ob die tierischen Überträger des SARS-CoV-2-Erregers überhaupt herausgefunden werden können.

Tatsächlich kann der Wildtierhandel in China durchaus ein Grund sein, der dazu beigetragen hat, dass das Virus auf den Menschen übergesprungen ist. Die hygienischen Bedingungen auf den Märkten sind sicherlich verbesserungswürdig. Das aber nicht nur in China. Bei dieser Diskussion sollte allerdings auch bedacht werden, dass jedes Land seine kulinarischen Besonderheiten hat, die in anderen Ländern nicht nur keine Zustimmung finden, sondern eher auf Abneigung stoßen. Einige Beispiele sind wohl die Balut-Eier auf den Philippinen, Froschschenkel und Schnecken in Frankreich, Casu Marzu auf Sardinien, Rocky Mountain Oysters in den USA, Mett in Deutschland oder Haggis in Schottland. Die Liste über gewöhnungsbedürftiges Essen und Eigenarten von Kulturen könnte noch lange weitergeführt werden.

Die einzige Kritik, die an China geübt werden müsste, wäre, wenn es sich bewahrheiten sollte, dass Informationen über das Virus zunächst zurückgehalten worden sind. Ob zu Beginn tatsächlich Informationen über höhere Fallzahlen vorgelegen haben oder nicht, spielt in der Thematik allerdings eine untergeordnete Rolle. Es wäre zwar ein fataler Fehler, weil sich andere Länder dann unter Umständen besser auf das Virus hätten vorbereiten können. Doch ob Staaten dies wirklich gemacht hätten, sei dahingestellt und sollte stark bezweifelt werden. Denn obwohl sich das Ausmaß und die rasche Ausbreitung der Krankheit in Wuhan und auch in Italien schon abgezeichnet hat, sind Entscheidungen in Europa und Amerika, um dem Virus entgegenzuwirken, trotzdem nur zaghaft und in manchen Fällen sogar zu spät getroffen worden. Die Anschuldigung, dass China Zahlen verheimlicht hätte, wirkt in diesem Kontext eher wie eine Ablenkung von einer verfehlten Innenpolitik, was den Umgang mit dem Coronavirus angeht.

Es ist fatal, überhaupt einen Schuldigen für den Ausbruch des Virus zu suchen. Amerika zeigt mit dem

Finger auf China und Europa. Deutschland zeigt auf Österreich, weil viele Menschen das Virus aus dem Skiurlaub von dort mitgebracht haben. Österreich gibt die Schuld an Italien weiter. Italien wiederum gibt die Schuld an China zurück. Bei einer weltweiten Pandemie Zeit mit Schuldzuweisungen zu verschwenden ist nicht zielführend. Vielleicht wird sich irgendwann etwas anderes ergeben, doch aktuell sieht es so aus, als hätte niemand die alleinige Schuld.

Es ist davon auszugehen, dass es lediglich ein unglücklicher Zufall war, dass das Virus zunächst in Wuhan ausgebrochen ist. Deswegen ist es nicht richtig, die Schuld für den Ausbruch China zuzuweisen oder gar von einem chinesischen Virus zu sprechen. Dies ist nicht nur falsch, sondern auch diskriminierend.

Anfangs handelte es sich bei dem Coronavirus um eine Epidemie, die auf China, explizit auf Wuhan, konzentriert war. Zunächst sollte geklärt werden, was eine „Epidemie" überhaupt ist. Wird das Wort auf Google eingegeben, dann schlägt die Suchmaschine als inhaltliche Vereinfachung „ansteckende Massenerkrankung" vor. Möchte man den Begriff noch näher definieren, wird festgestellt, dass es sich bei einer Epidemie um eine Anhäufung von Krankheitsfällen handelt, die in einem bestimmten Gebiet auftreten und zeitlich sowie vor allem örtlich begrenzt bleiben. Durch die Globalisierung und den weltweiten Handel ist es allerdings kein Wunder, dass sich das Coronavirus relativ schnell über den ganzen Erdball ausgebreitet hat.

Durch die verzweigten Produktionsketten in der Wirtschaft, den Tourismus und aufgrund der Tatsache, dass Familie heute nicht mehr auf einen Ort begrenzt ist, sondern diese teilweise über die ganze Welt verstreut lebt, gab es kaum Chancen, die Ausbreitung effektiv zu stoppen. In den vergangenen Jahrzehnten hatten wir einfach eine Menge Glück, dass Krankheiten zumeist lokal begrenzt geblieben sind. Die Entwicklung, dass es früher oder später zu einer schlimmen Pandemie kommen wird, war daher leider nur noch eine Frage der Zeit und somit abzusehen. Dennoch hat die Pandemie fast jeden überrascht. Vom einzelnen Menschen über Unternehmen bis hin zu den Verantwortlichen in der Politik.

Was ist eine Pandemie?

Eine Pandemie ist prinzipiell genau dasselbe wie eine Epidemie. Es handelt sich ebenfalls um eine ansteckende Massenerkrankung. In der Regel um Infektionskrankheiten. Im Unterschied zur Epidemie ist eine Pandemie nicht örtlich begrenzt. Eine Pandemie bezeichnet eine länder- oder kontinentalübergreifende Ausbreitung einer Krankheit. Die Entscheidung darüber, ob es sich um eine Pandemie handelt oder nicht, trifft die Weltgesundheitsorganisation.

Die chinesische Regierung hat konsequente Maßnahmen zur Eindämmung ergriffen. Bereits im Januar 2020 wurde Wuhan unter Quarantäne gestellt. Die 11-Millionen-Einwohner-Stadt war somit bis auf Weiteres abgeriegelt und von der Außenwelt abgeschnitten. Dieser Zustand dauerte knapp zwei Monate bis Ende März. Zu Beginn wurden die Maßnahmen in weiten Teilen der westlichen Welt eher mit Skepsis betrachtet. Es wurde auf den autoritären Stil der chinesischen

Regierung verwiesen. Wenige Wochen später sollten viele Länder mit Einschränkungen der Freiheitsrechte nachziehen.

Obwohl China darum bemüht war, das Virus einzugrenzen, war es, zu dem Zeitpunkt, als sich herauskristallisierte, wie schwer die Folgen und Auswirkungen sind, bereits zu spät. Das Virus war schon in der ganzen Welt angekommen. Zunächst wurde versucht, Infektionsketten nachzuvollziehen, betroffene Menschen zu isolieren und unter Quarantäne zu stellen. Doch damit war es leider nicht genug. Die Inkubationszeit, der Zeitraum von der Infizierung mit dem Virus bis zu den ersten Symptomen, dauert zwischen einem bis zu vierzehn Tagen. Da viele Menschen nur milde oder auch gar keine Symptome zeigen, muss von einer hohen Dunkelziffer ausgegangen werden. Dadurch konnten sich die Viren still und heimlich überall ausbreiten.

Es sollte unmöglich werden, den Vormarsch der Viren und die Ausbreitung lediglich durch eine Nachverfolgung zu stoppen. Auf diese Weise war man immer einen Schritt zurück, da dem Virus immer nur hinterhergelaufen worden ist. Die defensive Haltung in der Bekämpfung wurde nach einiger Zeit abgelegt. Die Politik hat in einen offensiveren Modus zur Bewältigung der Krise umgeschaltet. Damit einhergehend wurden verschiedene Maßnahmen getroffen und das öffentliche Leben nach und nach heruntergefahren. Der Begriff dafür heißt „Shutdown". So jedenfalls nennen die deutschen Medien dieses Konzept.

Kapitel 2: Die Maßnahmen – Die eigene Sicherheit auf Kosten der Freiheit

Als erstes europäisches Land hat Italien mit sehr drastischen Maßnahmen zur Eindämmung begonnen. Nachdem sich Norditalien zu einem Corona-Hotspot entwickelt hat, wurde der nördliche Landesteil Anfang März von Premierminister Giuseppe Conte zur Sperrzone erklärt. Einige Tage später wurde die Ausgangssperre für das ganze Land eingeführt. Es folgten Spanien und Österreich mit Ausgangssperren. Großbritannien und Schweden hingegen übten sich lange Zeit als Bastion gegenüber etwaigen Einschränkungen wegen des Coronavirus. Während in Italien und Spanien der Ausnahmezustand herrschte, blieben in Schweden die Skipisten und Restaurants weiterhin geöffnet. Schweden setzt als einziges europäisches Land auf eine Herdenimmunität.

Letztendlich musste beinahe jedes Land die einschneidenden Maßnahmen über sich ergehen lassen und vorübergehend ertragen. In Deutschland wurde sich tagelang gefragt, wieso in Großbritannien und den USA, im Kampf gegen das Coronavirus, keine strengeren Maßnahmen beschlossen werden. In Italien und Österreich stellten sich die Menschen dieselbe Frage, nur eben auf Deutschland bezogen. Jedes Land dachte zu Beginn, es ein Stück weit besser zu wissen als die anderen, wahrscheinlich auch durch die Hoffnung bedingt, dass „uns" das Virus schon nicht so hart treffen wird. Vielleicht wurde das Thema auch einfach verdrängt oder nicht ernst genug genommen. Zeitversetzt aber sind dann doch fast alle Länder mit Einschränkungen des öffentlichen Lebens nachgezogen. Denn die Erkenntnis, dass Maßnahmen getroffen werden müssen, auch wenn diese unangenehm sind, hat sich durchgesetzt.

An der Notwendigkeit von Maßnahmen im Allgemeinen, um das Coronavirus zu stoppen, besteht kein Zweifel. Allerdings besteht mitunter Uneinigkeit darüber, welche Maßnahmen denn die richtigen sind. Manche sehen die beste Lösung in einer, nach chinesischem Lösungsansatz, strikten Ausgangssperre. Österreich hat sich dies in dezenter Form zum Vorbild genommen. Es ist anzuerkennen, dass dieser Weg, ganz nach dem Motto „Lieber ein Ende mit Schrecken als ein Schrecken ohne Ende" zwar vorübergehend sehr hart für die Bevölkerung ist, doch auch schnell aus der Misere führen kann. Es gibt genügend Menschen, die noch strengere Regeln gefordert haben.

In China hat dies unter anderem auch deswegen so gut und schnell funktioniert, weil der Staat dort strenger mit der eigenen Bevölkerung umgegangen ist. In einer solchen Krise kann dies durchaus von Vorteil sein. Doch ebendiese strengen und strikten Maßnahmen gegenüber der eigenen Bevölkerung sind in Europa und Amerika nicht nur ungern gesehen, sondern auch nur schwer mit den Grundrechten in Einklang zu bringen. Daher halten einige selbst ein Kontaktverbot und Einschränkungen, die nicht ganz so weit gehen, für falsch. Mitunter sogar für rechtswidrig. Auch wenn es in erster Linie um die Gesundheit geht, ist diese Diskussion allen voran auch eine politische, juristische und wirtschaftliche Debatte.

So setzt in Israel der Geheimdienst seine Möglichkeiten zur Terrorismusbekämpfung im Inland gegen die eigene Zivilbevölkerung ein. Handys werden geortet und Leute überwacht. Glücklicherweise sind wir in Europa und Amerika aufgrund des Datenschutzes davon verschont geblieben. Wo aber ist in einer so angespannten Lage die Grenze, welche Maßnahmen noch gerechtfertigt sind, welche zweckentfremdet sind und welche sogar jeglichen Grundrechten entbehren?

Es ist schwierig, als Außenstehender, die Lage in anderen Staaten exakt zu beurteilen, daher möchte ich mich bei dieser Wertung auf Deutschland beziehen. Auch wenn ich denke, dass die Aussage auf die meisten Staaten zutrifft. In Zeiten der Krise zeigt sich die Handlungsfähigkeit eines Staates. Zunächst einmal ist es positiv zu würdigen, dass die Gefahr und die Bedrohung durch das Virus erkannt worden ist und versucht wird, die Bürger zu beschützen. Weder wurde von staatlicher Seite in Panik verfallen noch das Risiko heruntergespielt. Transparenz von Seiten der Regierung ist in einer solchen Situation, mit so tief das Privat- und Geschäftsleben betreffenden Einschnitten, unabdingbar. Die Bundesregierung legt diese Transparenz an den Tag. Doch wenn es um die Gesundheit und in diesem Fall sogar um Leben oder Tod geht, gibt es keine andere Möglichkeit, als entschlossen zu agieren.

Bei der überwiegenden Mehrheit der Bevölkerung stoßen die Maßnahmen zur Eindämmung auf

Verständnis. Doch nicht jeder geht damit konform, wie stark jene Einschränkungen ausfallen. Sei es die Einschränkung von Freiheitsrechten oder seien es die Einschränkungen des Wirtschaftslebens. Die Frage danach, warum die Wirtschaft derart vor die Wand gefahren wird, ist durchaus berechtigt. Pandemien gab es schon häufig. An der Influenza-Pandemie in den Jahren 1977/1978 sind rund 70.0000 Menschen gestorben. Damals umgekehrt zu heute ausschließlich junge Menschen. In der Grippe-Saison 2017/2018 gab es mehrere Hunderttausend Tote. Von diesen Zahlen sind wir aktuell noch ein gutes Stück entfernt. Und damals wurde nicht so ein Stress gemacht. Daher sind kritische Gedanken zumindest nachvollziehbar. Dass wir aktuell von diesen Zahlen entfernt sind, liegt allerdings ausschließlich an den eingeleiteten Maßnahmen.

Ganze Volkswirtschaften sind praktisch zum Erliegen gekommen. Lediglich systemrelevante Geschäfte dürfen noch geöffnet haben. Dazu zählen Supermärkte, Apotheken, Arztpraxen und Tankstellen. In dieser Aufzählung sind auch schon die meisten Geschäfte enthalten, die offen haben. Der modischste und bestaussehende Männerhaarschnitt im Frühling 2020 könnte tatsächlich erstmals die Glatze werden, da wochenlang niemand zum Friseur gehen kann.

Eine gewisse Zeit lang tragen die Menschen die harten Entscheidungen der Politik mit. Doch das wird irgendwann ein Ende haben. Menschen brauchen Essen, ein Dach über dem Kopf und haben Bedürfnisse. Dazu zählt speziell der Kontakt zu anderen Menschen.

Die Nahrungsmittelversorgung ist gewährleistet und damit ein elementarer Punkt sichergestellt. Doch wenn niemand arbeiten kann, wie sollen die Mieten bezahlt werden und sich Leute das Essen kaufen? Nicht jeder hat die notwendigen Rücklagen gebildet, um mehrere Monate, ohne zu arbeiten, über die Runden zu kommen. Es bleibt die Sozialhilfe. Das Coronavirus wird bestimmt auch die Diskussion über ein bedingungsloses Grundeinkommen wieder anheizen.

In Deutschland können Mietzahlungen bis auf Weiteres zumindest ausgesetzt werden, müssen jedoch später voraussichtlich zurückgezahlt werden. Warum sich als Erstes millionen- und milliardenschwere Unternehmen diese Regelung zunutze machen, die gar nicht in ihrer Existenz bedroht sind, bleibt mir ein Rätsel. Dieses Gesetz zielt darauf ab, dass Menschen nicht unverschuldet in Not geraten und ihre Wohnung wegen Mietausfällen räumen müssen. Zunächst einmal gilt das Gesetz bis September 2020. Die Regierung kann es bis Mitte 2021 verlängern. In diesem Zeitraum genießen Mieter einen Kündigungsschutz, sodass sie bei Nichtzahlung der Miete, aufgrund eines Einkommensausfalles infolge der Corona-Krise, nicht gekündigt werden können. Dies ist natürlich problematisch für Vermieter, die teils verschuldet sind und Kredite abbezahlen. Daher gibt es für Immobilieneigentümer eine Stundungsregelung für Darlehensverträge.

Zu den natürlichen Bedürfnissen zählt auch jener soziale Kontakt, der aktuell untersagt ist. Werden die Maßnahmen streng ausgelegt, dürfte sich ein Pärchen noch nicht einmal sehen, wenn die beiden nicht zusammenleben. In Würzburg, der Stadt, in der ich eigentlich lebe, hat die Polizei allen Ernstes am Bahnhof einen 14-jährigen Jungen verhaftet und in Gewahrsam genommen, weil dieser auf dem Weg zu seiner Freundin war. Ihm droht eine Anzeige. Zum Teil erscheinen Mittel und Wege der Behörden drakonisch. Irgendwo existiert auch eine moralische Grenze, was die Maßnahmen angeht. Meine eigene Mutter hatte Angst, mich von Hessen nach Bayern zu schicken, um dort frischen Spargel für Ostern abzuholen. Nicht etwa wegen des Coronavirus, vielleicht auch, aber besonders aus Sorgen vor der Polizei und den Behörden. Ich habe versucht, ihr zu erklären, dass in der Zwischenzeit schon keine Mauer gebaut werden wird und ich in ein paar Stunden später wieder daheim sein werde.

Die Einschränkungen der Freiheitrechte sind schwerwiegend. Eine solche Einschränkung der Freiheit hat es in den meisten demokratischen Staaten schon eine Ewigkeit nicht mehr gegeben. Falls es sie denn überhaupt schon jemals gab. Wenn es sie gegeben hat, dann zu Zeiten, in denen noch keine Verfassung existierte oder diese de facto außer Kraft gesetzt war. Es ist sehr bedenklich, wie schnell Freiheitsrechte außer Kraft gesetzt werden. Es macht mir ein Stück weit Angst, wie Politiker über meine Freiheit verfügen und entscheiden können. Und mit welcher Leichtigkeit dies getan wird.

Einen kleinen Hoffnungsschimmer gab mir nur eine Rede von Angela Merkel, welche per Videobotschaft gesendet wurde. In dieser formulierte Merkel, dass die Bürger ihr glauben sollen, wie schwer ihr die Entscheidungen zu den Einschränkungen fallen, da für sie

Rechte wie Reise- und Versammlungsfreiheit hart erkämpft worden sind. Diese Aussage war ehrlich und authentisch.

Teilweise ist es aber erschreckend, wie stur und engstirnig manche Leute darauf vertrauen, was andere für sie entscheiden. Einige empfinden die Macht von oben sogar als angenehm. Sie folgen mit einem blinden Gehorsam und ohne die Maßnahmen und deren Notwendigkeit zu hinterfragen. Nicht dass die Maßnahmen falsch wären, im Gegenteil, sie sind absolut richtig. In der Corona-Krise macht die Regierung einen exzellenten Job.

Doch hypothetisch, was wäre, wenn die Regierung im Unrecht wäre? Wie viele Menschen würden in einer anderen Situation ebenfalls blind vertrauen? Sicherlich sollte der Politik und den Behörden vertraut werden. Aber nur in einem gewissen Maße. Politiker sind auch nur Menschen, die sich von externen Experten beraten lassen, die mit ihrer Expertise nicht zwangsläufig richtigliegen müssen.

Ein Begriff, der zurzeit häufig zu hören ist, ist der des Denunzianten. Das bedeutet so viel wie Petze. Eine Petze ist jemand, der Leute verpfeift. Es gibt vermehrt Berichte und Meldungen, dass Menschen darauf achten, ob sich denn auch an die Regeln gehalten wird. So wird von verschiedenen Leuten die Polizei und das Ordnungsamt alarmiert und darüber informiert, dass Nachbarn Besuch haben oder ein Auto mit einem Kennzeichen von außerhalb vor der Tür steht.

Falls sich jemand, der nicht aus Deutschland oder Österreich kommt, fragen sollte, was das Ordnungsamt ist, eine kurze Erklärung. Das Ordnungsamt ist eine Behörde, die klischeehaft als typisch deutsch bezeichnet werden könnte. Es handelt sich um Beamte in Uniformen, die sich in der Regel sehr wichtig fühlen. Die Kompetenzen der Behörde sind verwaltungstechnisch tiefgreifend und tatsächlich von Bedeutung. In der Praxis allerdings besteht das Aufgabenfeld meistens aus dem Verteilen von Strafzetteln und der Anzeige von Ordnungswidrigkeiten. Dabei gehen die Beamten sehr genau und gründlich vor, was die Institution als solche bei der breiten Mehrheit unbeliebt macht. So schaffen es die Damen und Herren immer wieder, den Leuten den Tag zu verderben.

Wie der Dichter der deutschen Nationalhymne August Heinrich Hoffmann von Fallersleben schon schrieb „Der größte Lump im ganzen Land das ist und bleibt der Denunziant". Es sollte sich vor Augen geführt werden, dass es auch eine Zeit nach Corona geben wird. Deshalb sollten einige Menschen mal darüber nachdenken, ob es notwendig ist, andere anzuschwärzen.

Das Grundgesetz schützt das Leben, aber auch die Freiheit. Nach deutschem Recht kann ein Eingriff in die Grundrechte eines Menschen nur erfolgen, wenn das Verhältnismäßigkeitsprinzip gewahrt bleibt. Dazu muss die staatliche Maßnahme einen legitimen Zweck erfüllen, geeignet, erforderlich und angemessen sein. Im Kontext Corona ist der legitime Zweck erfüllt, da die Maßnahmen im Allgemeinen dafür da sind, um das Virus einzudämmen und die Gesundheit der Bevölkerung zu schützen. Die Maßnahmen sind auch geeignet, da zum Bespiel, durch weniger soziale Kontakte die

Ausbreitung verringert wird. Die Erforderlichkeit zielt darauf ab, ob ein milderes Mittel zur Verfügung steht. Da momentan weder ein Impfstoff noch ein Gegenmittel vorhanden ist, die Krankenhäuser nicht überlastet werden sollen, um Zustände zu vermeiden, in denen die Nachfrage nach Betten und Beatmungsgeräten das Angebot übersteigt, gibt es leider kein anderes Mittel, welches den Zweck der Eindämmung erreicht.

Wir sind nur wegen der Maßnahmen, welche ergriffen worden sind, weltweit dem Bereich von mehreren Hundertausenden von Toten ferngeblieben. Daher sind die Einschränkungen äußerst sinnvoll, wenn auch hart. Es geht um Menschenleben, dennoch gestaltet sich die Abwägung schwierig. Denn es ist bewiesen, dass es wegen der Maßnahmen eine Zunahme von häuslicher Gewalt gibt. Außerdem sind viele Menschen der Meinung, dass die gesundheitlichen Folgen derjenigen, die aus den Maßnahmen resultierend, unter psychischen Problemen, und die wirtschaftlichen Missstände, weitaus schwerer wiegen.

Die ersten Menschen haben aus Angst vor dem Virus und den Folgen, aber vielleicht auch sogar wegen den Maßnahmen Selbstmord begangen. Prominentester Fall ist möglicherweise der hessische Finanzmister. Die exakten Hintergründe für den Suizid sind der Öffentlichkeit aus Rücksicht auf die Familie selbstverständlich und richtigerweise nicht bekannt. Die Aussichtlosigkeit infolge der Corona-Krise stellt nur eine Mutmaßung dar, keine bewiesene Tatsache.

Sollte sich in Zukunft herausstellen, dass die Nachteile der Maßnahmen überwiegen, was sie nach einer gewissen Zeit tun werden, sind die getroffenen Maßnahmen nicht mehr angemessen und dementsprechend verfassungswidrig.

Freiheit und Wohlstand aller stehen der Gesundheit und dem Leben, besonders der Ältesten und der Schwächsten unserer Gesellschaft, entgegen. Spezifischer ausgedrückt: Ein temporäres Verbot der Versammlungs- und Bewegungsfreiheit sowie die Einschränkung weiterer Grundrechte von, global gesehen, mehreren hundert Millionen Menschen stehen dem Überleben von Hunderttausenden entgegen. Auch wenn mir persönlich die Maßnahmen nicht gefallen und mit schärfster Kritik beobachtet werden sollten, sind sie temporär angemessen. Denn die Gesundheit und das Leben wiegt am schwersten.

Kritik als solche, an den Maßnahmen, ist aber definitiv berechtigt, denn schließlich ist die Meinungsfreiheit noch erlaubt. Glücklicherweise ist dieses Grundrecht noch nicht durch das Coronavirus eingeschränkt. Es wirkt oftmals so, als dürfte eine etwas liberalere Meinung zum Thema Corona gar nicht vertreten werden, weil diese gesellschaftlich nicht akzeptiert wird. Ich möchte gar nicht bewerten, welche Auffassung richtig oder falsch ist. Teilweise sind sich die Experten untereinander nicht mal einig.

Das Einzige, was ich sicher weiß, ist, dass ich in keinem Land leben möchte, in dem die eigene Meinung nicht gesagt werden darf. Das wäre nämlich nicht das Deutschland, welches ich kenne. Eine rationale Diskussion von Standpunkten, über die Notwendigkeit von Maßnahmen, sollte erlaubt bleiben. Schließlich können auch die Verantwortlichen, die die Entscheidungen treffen, nicht hundertprozentig wissen, ob ihre Entscheidung korrekt ist. Auch für die Politiker ist die Situation ein Novum. Manche wachsen mit der Krise, andere gehen unter. Für alle Beteiligten besteht eine völlig neue Art von Herausforderung. Diese ist komplex und es bedarf einer stetigen Anpassung und sobald ein milderes Mittel möglich ist, sollte es auch umgesetzt werden.

Obwohl es selten passiert, können nicht nur Ältere, sondern auch jüngere Menschen wegen des Coronavirus schwer erkranken und daran sterben. So ist in Frankreich leider ein 16 Jahre altes Mädchen ohne Vorerkrankungen an den Folgen einer Coronavirus-Infektion gestorben. Dies ist ein Schicksal, welches unfassbar traurig macht und tiefe Bestürzung auslöst. Es zeigt, dass niemand vor dem Virus sicher ist, auch nicht junge und gesunde Menschen. Sich an staatliche Maßnahmen zu halten, um die Ausbreitung des Virus aufzuhalten, schützt einen selber, aber auch explizit die Menschen, die einem nahestehen. Nämlich die eigenen Eltern und Großeltern, die vielleicht auch zur Risikogruppe gehören, die das Virus besonders schwer trifft.

Eine Idee zur langsamen Entspannung wäre es, dass Beschränkungen in naher Zukunft nur noch für besonders stark betroffene Gebiete, sogenannte Risikogebiete, gelten und nicht mehr für ganze Länder. Schritt für Schritt wird wieder ein Weg in die Normalität gefunden werden. Gefunden werden müssen. Es ist ein spannendes soziales Experiment, welches momentan stattfindet. Familien und Freunde dürfen sich nicht sehen. Menschen, die sich lieben, sehnen sich nacheinander. Viele verdienen kein Geld. Mit diesen Beschränkungen möchte und kann auf Dauer niemand weiterleben. Die Maßnahmen können nicht darauf angelegt werden, langfristig in Kraft zu bleiben. Sicherlich werden in naher Zukunft gute Lösungen gefunden werden, damit das Leben wieder so weitergehen kann, wie wir es kennen.

Grade im anstehenden Sommer wird es schwierig sein, die Bevölkerung zuhause in ihren Wohnungen und Häusern zu halten. Die Leute sollen ja nicht depressiv werden. Gerade diejenigen, die in einer kleinen Wohnung in der Stadt ohne Balkon leben, trifft es schwer. Da hat man es auf dem Land leichter. Nach und nach werden sich Menschen nicht mehr an Maßnahmen halten und ihre Grenzen austesten, um zu sehen, was möglich ist. Wenn es mittelfristig keine Lösungen geben wird, wird es irgendwann zu Aufständen kommen und wenn der Staat beziehungsweise die Staaten langfristig versagen sollten, zur Revolution. Dies wird nicht passieren, keine Sorge. Denn Bestimmungen können nur aufrechterhalten werden, solange die Mehrheit des Volkes dahintersteht. Auch wenn wir in einer repräsentativen Demokratie leben, wird sich die Politik der Bevölkerung beugen müssen, sollte die Akzeptanz schwinden. Die demokratischen Länder haben es da einfach deutlich schwieriger, im Gegensatz zu autokratischen Staatsformen, ihre Maßnahmen den Bürgern zu verkaufen. Denn sie sind ihrer Bevölkerung Rechenschafft schuldig.

Jedem persönlich bleibt nichts anderes übrig, als sich selbst ein Stück weit zurückzunehmen und in den

Dienst der Gesellschaft zu stellen. Die aktuelle Situation zeigt uns nur, wie gut es uns sonst geht und dass Freiheit und Sicherheit auch im 21. Jahrhundert keine Selbstverständlichkeit sind und wir die Freiheit, wenn wir sie denn bald wieder zurückhaben, mehr als vor Corona zu schätzen wissen.

Kapitel 3: Die Vergangenheit – Warum uns ein Blick zurück helfen kann

Das Coronavirus ist nicht die erste Pandemie dieses Ausmaßes. Krankheiten gehören zum Leben dazu und die Verbreitung ebenfalls. Im Vergleich zu anderen Seuchen ist das Coronavirus allerdings, mit Verlaub, noch relativ ungefährlich. In der Vergangenheit galten Pandemien als der Inbegriff des Schreckens. Daran hat sich bis heute wenig geändert. In Europa kreisen beim Gedanken an eine Pandemie, bis heute, und das bald 700 Jahre später, diese noch immer um das Paradebeispiel einer solchen. Nämlich der Pest. Dem sogenannten schwarzen Tod fielen im 14. Jahrhundert, innerhalb von rund sieben Jahren, schätzungsweise ungefähr 25 Millionen Menschen und somit rund ein Drittel der damaligen europäischen Bevölkerung zum Opfer. Die zahlenmäßig schlimmste, zeitlich begrenzte Pandemie war die „Influenza-Pandemie 1918-1920, mit, Schätzungen zufolge, bis zu 50 Millionen Toten innerhalb eines Zeitraumes von zwei Jahren.

Das Coronavirus darf nicht mit diesen extrem tödlichen Seuchen auf eine Stufe gestellt werden, das wäre unangebracht. Dennoch kann eine Verbindung zwischen jeder Pandemie hergestellt werden. Denn hinter jeder Ausbreitung einer Krankheit steckt ein ähnliches Muster. Alles beginnt mit dem Ausbruch einer lokalen Epidemie. Die Krankheit verbreitet sich. Es gibt drei Möglichkeiten, was mit dem einzelnen Menschen passieren kann. Erstens man erkrankt und stirbt.

Zweitens man erkrankt und wird wieder gesund, weil der Körper Antikörper bildet. Medikamente können die Krankheit heilen beziehungsweise die Symptome so weit abschwächen, dass der Körper die nötige Zeit hat, die Antikörper zu bilden. In der Folge entsteht irgendwann eine Herdenimmunität durch viele geheilte Infektionen. Möglichkeit drei ist es, sich zu isolieren und dadurch erst gar nicht zu erkranken. Es wird gewartet, bis die Krankheit verschwunden ist und nicht mehr existiert.

Wie wurden die schlimmsten Seuchen der Menschheitsgeschichte besiegt? Was haben die Menschen damals unternommen?

Die Pest im Mittelalter wurde wie so viele Krankheiten von Tieren auf die Menschen übertragen. In diesem Fall waren es Ratten und Flöhe. Da die Medizin nicht weit entwickelt und Antibiotika noch nicht erfunden war, war das probateste und eines der wenigen Mittel, welches wirklich von Nutzen gewesen ist, die Isolation sprich die Quarantäne. Die damalige medizinische Herangehensweise Aderlass und Kräuter konnten bei der bakteriellen Infektion nicht helfen. Die Menschen waren der Krankheit schutzlos ausgeliefert. Im Kontext der Pest ist sogar der Begriff Quarantäne entstanden. Er leitet sich nämlich von „quarantaine de jours" ab. Dies bedeutet auf Französisch vierzig Tage. Es ist genau die Anzahl an Tagen, die Menschen, bei denen vermutet wurde, dass sie mit der Pest infiziert sind, in Isolation verbringen mussten. Die Isolation nahm teils makabre und groteske Züge an. So wurden die Fenster und Türen von Häusern zugemauert, damit die Quarantänemaßnahmen auch eingehalten werden. Möglicherweise wurden so zwar Mitbewohner des Hauses angesteckt, doch die Mehrheit der Gesellschaft auf diese Weise geschützt. Die Menschen wurden zwar nicht lebendig begraben, aber zumindest zum Sterben eingesperrt.

Die Pest brach nicht überall gleich stark aus. In der italienischen Stadt Florenz starben rund 80 Prozent der Bevölkerung, während es in Mailand nur um die 15 Prozent waren. Weite Teile des heutigen Polens, die deutsche Region Franken und die tschechische Hauptstadt Prag hatten nur geringe oder kaum bekannte Pestfälle.

Womit hängt es zusammen, dass sich eine Krankheit, geographisch gesehen, so ungleich verteilen kann?

Diese Frage stellen sich die Menschen heute wie schon damals. Und bezüglich des Coronavirus beschäftigt diese Frage sogar Wissenschaftler. Denn weltweit wird mit einer gewissen Verwunderung auf Deutschland geblickt, weil die Sterblichkeitsrate dort so gering ist. Während diese in manchen Ländern, sogar Nachbarstaaten, bei weit über zehn Prozent liegt, ist die Rate in Deutschland selbst bei etwas weniger als zwei Prozent.

Es kann nur spekuliert werden, warum dies tatsächlich so ist. Ein Grund kann die statistische Erfassung sein. Wenn viel getestet wird und auch viele milde Krankheitsverläufe mit einberechnet werden, dann sinkt logischerweise der Anteil der Verstorbenen und die Sterblichkeitsrate bleibt signifikant niedriger. Das heißt, die Rate ist nur so gering, weil Deutschland sehr viele Testkapazitäten hat und diese nutzt. Das Robert Koch-Institut hat einen Test zum Nachweis des Virus bereits im Januar 2020 entwickelt, als noch kein Normalbürger daran gedacht hat, welche Entwicklung uns bevorstehen wird.

Eine weitere Ursache ist die Tatsache, dass zunächst größtenteils eher jüngere Menschen an Corona erkrankt sind. Die Erkrankten waren meistens keine Leute, die in die sogenannte Risikogruppe, Menschen ab 70 Jahre und älter oder mit Vorerkrankungen, gehören. Im Gegenteil, es waren häufig junge gesunde Menschen, die aus dem Skiurlaub nach Hause gekommen sind.

Ein weiterer Grund sind die vielen Beatmungsgeräte. Gerade diese sind elementar im Rahmen der intensivmedizinischen Behandlung bei einer Lungenerkrankung. Vor dem Ausbruch des Coronavirus gab es bereits 28.000 Beatmungsgeräte in den Krankenhäusern, diese wurden innerhalb von ein paar Wochen auf 40.000 aufgestockt. Im Vergleich dazu gibt es, erstaunlicherweise, im gesamten Vereinigten Königreich (Großbritannien) lediglich 5000 Beatmungsgeräte für die ganze Bevölkerung von rund 66 Millionen Menschen. Die niedrige Opferzahl in Deutschland ist daher kein Wunder der Natur, sondern einfach auch das Ergebnis eines gut ausgestatteten und funktionierenden Gesundheitssystems.

Die niedrigen Sterberaten in bestimmten Gebieten während der Pest lassen sich allerdings nicht auf ein modernes Gesundheitssystem zurückführen. In der Vergangenheit waren es weise Entscheidungen, insbesondere Präventivmaßnahmen, welche dafür gesorgt haben, dass die Fallzahlen gering geblieben sind. Polen verdankte dies der Entscheidung ihres damaligen Königs, Kasimir der Dritte, die Grenzen zu schließen. Hinzu kam, dass die ländlich geprägte Gesellschaft sicherlich nicht von Nachteil war. Er stellte teilweise auch das ganze Land unter Quarantäne. So mussten beispielsweise Kaufleute, die eine Reise machten, stets Dokumente bei sich tragen, in denen sie nachwiesen, dass sie aus einer pestfreien Stadt kommen. War dies nicht der Fall, wurden sie verhaftet.

Zur Zeit der Influenza-Pandemie 1918, fast 600 Jahre später, könnte man denken, dass es bessere Mittel und Wege gegen eine Pandemie gegeben hätte. Doch dem war nicht wirklich so. Nach dem Ende des Ersten Weltkrieges waren sicherlich die Umstände auch besonders ungünstig. Nahrungs- und Versorgungsengpässe, verwundete Soldaten und ein überfordertes Gesundheitssystem. Die Soldaten aus den verschiedensten Ländern kämpften gemeinsam im Krieg in den Schützengräben und brachten danach das Virus in ihre Heimatländer mit. Die Quarantänemaßnahmen wurden häufig erst verzögert und zu spät eingeleitet. Dann das Auftreten über zwei Jahre in mehreren Wellen. Hinzu kam, dass die genaue ärztliche Diagnose schwierig war. Es war der perfekte Nährboden für eine Pandemie.

Werden historische Aufzeichnungen von amerikanischen Städten wie St. Louis und Philadelphia verglichen, wird festgestellt, dass Städte, die schnelle und restriktive Maßnahmen, wie Schul- und Gaststättenschließungen, eingeleitet haben, im Vergleich zu Städten, die dies nicht getan haben, eine deutlich niedrigere Letalitätsrate hatten. Insofern lassen sich daraus auch Rückschlüsse für den Umgang mit dem Coronavirus ziehen. Denn es zeigt sich, dass eine Verminderung des exponentiellen Wachstums der Neuinfektionen möglichst kurzfristig erreicht werden muss. Denn um hohe Opferzahlen zu vermeiden, bleibt nur die Verlangsamung, nichts anderes. Aus dem Vergleich der Pandemien im 14., 20. und 21. Jahrhundert lässt sich eine Erkenntnis gewinnen: Die beste Methode war, ist und bleibt die Isolation.

Die einzige Möglichkeit, gegen eine Pandemie vorzugehen und diese zu besiegen, ist eine konsequente Quarantäne der Erkrankten, in Verbindung mit dem Versuch, die Neuinfektionen möglichst gering zu halten, wenn möglich allerdings nicht zu gering, damit schrittweise eine Herdenimmunität aufgebaut werden kann, unter der Beachtung, dass das Gesundheitssystem nicht überlastet wird. Prinzipiell also genau das, was wir heute versuchen.

Der Mensch ist anpassungsfähig und unser Immunsystem kann Hervorragendes leisten. In der Regel ist darauf auch Verlass. Doch bei neuartigen Erkrankungen kann es an die Grenzen stoßen. Sei es, weil der Körper keine Antikörper bildet oder das Immunsystem überreagiert und den eigenen Körper und somit lebenswichtige Organe angreift. Es ist nicht immer leicht, sich als Mensch gegen die Natur zu wehren. Vereint kann dies aber gelingen, indem sich gemeinsam darauf konzentriert wird, das Virus auszubremsen, um sich so mit der Zeit besser darauf einstellen und vorbereiten zu können. Einfach etwas auszusitzen, widerspricht ein bisschen dem Verständnis von uns Menschen, wie wir Probleme angehen und lösen wollen. Doch auf diese Weise haben sich schon viele Krankheiten in Luft aufgelöst.

Obwohl die Medizin vieles kann und wir heute auf den Mond und in den Weltraum fliegen können, stellen uns einfache Viren und Bakterien der Erde, wie zu sehen ist, noch immer vor große Probleme. Wie uns die Geschichte verdeutlicht, gehören Ausbrüche von Seuchen aber einfach dazu. Genauso wie der Tod. Wir verdrängen solch negative Gedanken einfach. Wer möchte auch permanent in Angst vor Krankheiten leben? Niemand! Denn so macht das Leben einfach keinen Spaß. Sich nur mit negativen Gedanken auseinanderzusetzen, hat noch niemanden glücklich gemacht. Wir sollten aber zumindest nicht überrascht und vorbereitet sein, wenn so etwas wieder passieren sollte. Es ist nicht ausgeschlossen, dass es mehrere Wellen geben wird. Oder dass das Coronavirus, wie das Influenzavirus sogar jährlich zurückkehrt. Bis in die 70er Jahre hinein war eine Pandemie mit ungefähr einer Millionen Opfern, in einem Abstand von rund zehn Jahren, vollkommen normal. Davor gab es Kriege und anderweitige Probleme. Der gesundheitliche Luxus der letzten Jahrzehnte ist keine Selbstverständlichkeit. Er ist das Ergebnis von Glück und der starken Arbeit von Wissenschaftlern zu verdanken.

Wir haben in unserem Alltag und unseren Denkstrukturen vergessen, dass es noch größere Probleme gibt. Mit einer Situation wie jetzt war in Europa, seit dem Ende des 2. Weltkrieges, niemand mehr konfrontiert. Wir befinden uns in einem Zustand, in dem uns große Aufgaben bevorstehen werden. Jedes Land für sich, aber speziell auch die Europäische Union als Institution. Der einzelne Nationalstaat zeigt deutlich seine Macht-, Herrschafts- und Schutzfunktion. Sowohl positiv als auch negativ. Auf der einen Seite durch Schutz und Sicherheit, auf der anderen Seite durch Einschränkungen. Durch die Krise lernen viele den Staat auf eine ganz neue Art kennen. Papa Staat ist streng, aber auch herzlich.

Eine Pandemie möchte niemand, aber es hat auch viele Vorteile, diese gerade jetzt im Jahr 2020 zu erleben. In früheren Zeiten gab es keine weltweiten Eindämmungsmaßnahmen, internationale Hilfeleistungen und eine gemeinsame Forschung. Das Gesundheitssystem ist heute viel besser. Es gibt Virostatika und Antibiotika, die die meisten Erreger wirksam bekämpfen können. Damit können zumindest Begleit- und Folgeerkrankungen geheilt werden. Die Wahrscheinlichkeit, dass schnell zu einer medizinischen Lösung des Problems gelangt wird, ist höher denn je.

Außerdem haben wir es heute doch gar nicht so schlecht, im Gegensatz zu den Menschen, die früher in Quarantäne waren. Damals blieb den Leuten nur das Lesen übrig, zumindest denjenigen, die es konnten. Oder das Schreiben von Büchern. Die Zeit konnte nicht damit verbracht werden, im Haus oder der Wohnung gemütlich Netflix zu gucken, längst überfällige Arbeiten zu erledigen, einmal am Tag spazieren zu gehen oder aus Langeweile den angelegten Vorrat im

Kühlschrank aufzufuttern. Uns geht es, selbst während der Krise, trotz aller Sorgen und Probleme noch wahnsinnig gut. Daran sollte sich gelegentlich einmal erinnert werden.

Kapitel 4: Die Gegenwart – Impressionen der Krise

Die Atmosphäre ist derzeit sehr angespannt. Teilweise so, als ginge die Welt bald unter. Aber das tut sie nicht. Obwohl die Situation gewiss prekär ist und die Dinge ernstgenommen werden müssen, ist diese Weltuntergangsstimmung vollkommen übertrieben und fehl am Platz. Die Medien sorgen nicht unbedingt für eine Entspannung des Ganzen, sondern schüren zusätzlich eher noch die Angst der Einzelnen. Und die Menschen springen darauf an. Wie ein Hai, der Blut gewittert hat. Vieles, was der Mensch nicht kennt und was er nicht versteht, macht ihm Angst. Die Bedrohung, durch eine Seuche in dieser Größenordnung und mit dieser Ausbreitungsgeschwindigkeit, ist für jeden von uns etwas Neues.

Im Allgemeinen neigt der Mensch dazu, sich, im Umgang mit den verschiedensten Dingen, auf seine eigene Lebenserfahrung zu berufen. Besonders, wenn etwas neu ist, wird versucht, Verknüpfungen zu anderen Lebensbereichen und Erfahrungswerten herzustellen, um so die bestehende Aufgabe zu lösen. Beim aktuellen Corona-Problem ist das aber nicht möglich. Denn es existieren keinerlei eigene Erfahrungen, um zu wissen, welcher Umgang in einer solchen Situation der richtige ist. Aktuell ist die einzige Methode, sich der Erfahrungen anderer Menschen, aus anderen Zeiten, von anderen Pandemien zu bedienen.

Speziell junge Menschen, im ersten Drittel ihres

Lebens, sind in ihren Denkstrukturen noch nicht so stark festgefahren. Die Persönlichkeit befindet sich häufig noch im Wandel. So ist auch diese Krise einfach eine neue Art Herausforderung, mit der gelernt werden muss umzugehen und an die sich angepasst werden muss. Je älter man allerdings wird, desto schwieriger ist eine Anpassung. Das liegt daran, weil das meiste zur Gewohnheit wird und es seltener passiert, in Situationen zu gelangen, in denen man total unvorbereitet ist. Viele Dinge sind planbar und Unvorbereitetes geschieht selten. Der Ausbruch des Virus ging so schnell, dass er nicht vorhersehbar war. Die Krise bereitet allen Menschen Kopfzerbrechen, allen voran aber denen im Alter zwischen 25 und 65 Jahren. Sie sind am stärksten überfordert, weil sie trotz ihrer Lebenserfahrung nicht wissen, was zu tun ist. Erschwerend kommt hinzu, dass an den Umständen nichts oder nur schwer etwas geändert werden kann. Die gesundheitlichen Sorgen und wirtschaftlichen Abhängigkeiten führen zu Existenz- und Zukunftsängsten. Diese Altersgruppe betreffen diese am stärksten. Deshalb haben die Menschen im mittleren Lebensabschnitt aktuell am meisten Panik.

Diejenigen, die in ihrem letzten Lebensabschnitt sind, haben auch Angst. Das steht außer Frage. Dennoch sehen viele dieser Menschen dem Thema Corona schon wieder etwas lockerer entgegen und manche sogar gelassen. Es ist schon eine gewisse Ironie, dass, wenn draußen Leute gesehen werden, es oftmals die sind, die besonders geschützt werden sollen. So ist es nichts Ungewöhnliches, Rentner bei strahlendem Sonnenschein spazieren gehen zu sehen. Frei nach dem Motto: „Ich habe schon Schlimmeres überlebt, da bringt mich das auch nicht um." Diese Einstellung haben einige. Nicht nur Ältere. Mein subjektiver Eindruck ist aber, dass vermehrt ältere und jüngere Menschen die Gefahren der Pandemie weniger ernst nehmen.

Im Endeffekt ist es nicht einmal unbedingt direkt das neuartige Virus, das wirklich Angst hervorruft, sondern die Umstände und das Drumherum. Primär sorgen natürlich das Virus und die möglichen gesundheitlichen Folgen für die Angst. Doch die sekundären Komponenten wie das mediale Echo und die praktischen Schutzmaßnahmen dürfen nicht vernachlässigt werden. Diese sind es nämlich, die maßgeblich für den psychischen Stress, der bedingt, dass Menschen in Panik verfallen, verantwortlich sind.

Die Panik geht sogar so weit, dass sich tatsächlich schon Menschen, im Supermarkt, wegen einer Rolle Toilettenpapier geboxt haben. In Italien wurde sogar ein Supermarkt überfallen. Nachrichten wie „Diebe schlagen Autofenster ein und klauen zwei Packungen Toilettenpapier" sind völlig normal geworden. Irgendetwas in dieser Form wird fast täglich irgendwo gelesen. Diese Meldungen gibt es aus vielen Ländern. Einige Menschen drehen wirklich ein bisschen durch. Auch die ganzen sogenannten Hamsterkäufe sind zum Teil viel zu heftig. Es kommt einem ein bisschen so vor, als beginne langsam und schleichend die globale Anarchie. Gut, ganz so schlimm ist es noch nicht. Die Anarchie hat nicht begonnen. Der Sarkasmus soll lediglich die Gefahr unterstreichen.

Warum geraten manche Menschen so stark in Panik, dass es zu Übergriffshandlungen und Straftaten kommt, wegen ein paar Rollen Toilettenpapier?

Es wäre das Beste, die Menschen direkt nach ihren Motiven zu befragen. Stellen Sie sich dies bitte im Rahmen eines Strafprozesses im Gericht vor. Der Richter liest die Anklageschrift vor. Sehr geehrter Herr Mustermann, Ihnen wird vorgeworfen, unrechtsmäßig zwei Packungen Toilettenpapier aus dem Auto von Frau Müller entwendet zu haben. Dabei schlugen Sie das Fenster ein. Der Straftatbestand des Diebstahls und der Sachbeschädigung ist erfüllt. Was haben Sie zu Ihrer Verteidigung zu sagen? Oder möchten Sie von Ihrem Aussageverweigerungsrecht Gebrauch machen?

Obwohl es nicht witzig ist, stelle ich mir die Verhandlung ehrlich gesagt irgendwie sehr amüsant vor. Vor dem Hintergrund, dass da ein Mensch vor Gericht sitzt und angeklagt ist wegen zwei „bekloppten" Packungen Toilettenpapier im Wert von ein zwei bis drei Euro.

Das Wieso, Weshalb und Warum interessiert mich tatsächlich brennend. Geht Ihnen das auch so? Denn wie kommt ein erwachsener Mann oder eine erwachsene Frau auf die Idee, Toilettenpapier zu klauen? Was geht in den Menschen vor? Geschieht die Handlung aus dem Affekt heraus, weil der Versuchung, einige Rollen mehr zu besitzen, um auch in naher Zukunft gepflegt und hygienisch, perfekt sein Geschäft verrichten zu können, nicht widerstanden werden konnte? Oder aber liegt einem Toilettenpapier-Diebstahl ein gut durchdachter Plan zugrunde, wie ihn der Professor in Haus des Geldes geschmiedet hat, dem eine wochenlange Planung vorausging?

Letztendlich ist es schwierig, die Hygiene- und Desinfektionsmittelganoven ausfindig zu machen und ich denke, selbst wenn Klopapiersünder auf frischer Tat ertappt worden sind, kaum jemand Lust und Interesse daran hätte, mit mir ein Interview darüber zu führen, welche Beweggründe zu der Tat vorgelegen haben. Dennoch möchte ich mich damit auseinandersetzen und zumindest versuchen, etwaige Diebstähle einzuordnen, nachzuvollziehen und zu bewerten.

Zunächst einmal dürfen diese Vorfälle eigentlich nicht einzeln, sondern müssen in einem größeren Zusammenhang bewertet werden. Die Taten sind unter dem Eindruck der Corona-Krise entstanden, was selbstverständlich keine Entschuldigung und erst recht kein Rechtfertigungsgrund ist. Dennoch ist zu beachten, dass alle Menschen, ob der aktuellen Lage, sehr verunsichert sind. Diese tiefsitzende Verunsicherung, gepaart mit Angst und Zukunftssorgen, schlägt sich leider auch in Aktionen wie dem Stehlen von Hygieneartikeln nieder.

Wo sollen wir landen, wenn alle Menschen so agieren würden? Es ist egoistisch und falsch, in Zeiten der Not, nur an sich zu denken. Daher sind Übergriffe und Straftaten solcher Art in moralischer Hinsicht kein Kavaliersdelikt, sondern auf das Schärfste zu verurteilen. Denn obgleich die Angst und Sorgen der Auslöser waren, besteht eine soziale und gesellschaftliche Verantwortung, die ein erwachsener Mensch auch in einer Ausnahmesituation, unter dem Aspekt der

Corona-Krise, bewahren sollte. Wohin kommen wir, wenn ein solcher Werteverfall geduldet wird?

Genauso, wie es negative Seiten gibt, lassen sich auch einige positive Erkenntnisse aus der Krise gewinnen. Obwohl es schwerfällt, muss versucht werden, dass auch in dem unausweichlich Negativen das Positive gesehen wird. So hält auch die Corona-Krise Lichtblicke bereit. Es zeigt sich, dass viele Menschen mehr aufeinander Acht geben und Verantwortung für andere übernehmen. Dies äußert sich in den verschiedensten Formen. Es beginnt bei Kleinigkeiten, wie für die betagten Nachbarn einkaufen zu gehen. Geht weiter zu größeren Aktionen, etwa der Gründung einer Organisation, in der verschiedene Unterstützungs- und Hilfsangebote gebündelt und koordiniert werden. Einige Freiwillige helfen sogar an vorderster Front im Krankenhaus aus. Zu sehen, dass fremde Menschen füreinander einstehen, ist großartig. Die Bereitschaft zum Helfen ist in jedem Land vorhanden und geschieht unabhängig des sozialen Standes. Das Engagement und die Solidarität der Menschen untereinander gehören zu den wenigen positiven Auswirkungen.

Eine weitere positive Beobachtung ist ganz klar die Regeneration der Natur. Was für die Wirtschaft zwar verheerend ist, hat gute Auswirken auf die Umwelt. Flugzeuge fliegen nicht, der Handel ist eingeschränkt und es gibt keine Urlaubsreisen. Wie erkennbar ist, wirkt sich bereits eine relativ kurze Zeit der Entspannung gut auf die Erde aus, sodass sie sich erholen kann. Zuerst war davon etwas in China zu sehen. Wie auf Weltraumaufnahmen der NASA und der Europäischen

Raumfahrtbehörde sichtbar ist, sorgte der wirtschaftliche Stillstand im Februar 2020 dafür, dass die Smogwolken über der chinesischen Metropolregion, rund um Wuhan, weitestgehend verschwanden. In Venedig sind, durch die ausbleibenden Touristen, die Kanäle so sauber wie. Das Wasser ist kristallklar. Sogar der Boden im Wasser kann gesehen werden, weil die Sedimente nicht aufgewühlt werden. Vermehrt siedeln sich wieder Fische an.

Möglicherweise lässt sich ein Zusammenhang zwischen dem Umgang der Menschen mit dem Planeten und den Auswirkungen des Coronavirus feststellen. Denn so, wie wir mit den Ressourcen unserer Erde umgehen, braucht sich niemand wundern, wenn sich die Erde wieder etwas zurückholt, was ihr gehört. Ressourcenknappheit, Überbevölkerung und die Zerstörung der Natur. Durch das Virus lösen sich Probleme, auf natürliche Weise, wie von selbst. Von einem Selektionsmechanismus der Erde zu ihrem eigenen Schutz zu sprechen, halte ich zwar für zu extrem. Dennoch regt die Betrachtung dieser Sichtweise zumindest einmal zum Nachdenken an, sollte uns Warnung genug sein und zu einem strukturellen Umdenken führen.

Allgemein entdecken viele Menschen die Natur für sich neu. Gefühlt die Hälfte der Menschen, denen ich auf Instagram folge, haben in den letzten Wochen in ihrer Story gepostet, wie sie wandern waren. Eigentlich ist es doch traurig, dass viele die Schönheit der Natur erst und nur wegen eines Virus wahrnehmen. An dieser Stelle muss ich auch Selbstkritik an mir üben. Ich weiß nicht, wann ich zuletzt so oft draußen war oder zuletzt einfach mal im Wald spazieren gewesen bin. Vermutlich irgendwann als Kind mit meinen Eltern.

Wegen der Quarantänemaßnahmen können Familien so viel Zeit miteinander verbringen wie noch nie zuvor. Für berufstätige Eltern kann dies losgelöst von wirtschaftlichen Ausfällen und Problemen in der Betreuung, weil die Schule oder der Kindergarten nicht stattfindet, auch ein Segen sein. Zeit ist sehr kostbar. Obwohl es auch Streit gibt, wenn sich lange unter einem Dach aufgehalten wird, sollte jeder für die Zeit, die man gemeinsam hat, unglaublich dankbar sein. Auch Pärchen können ihr Glück und die Liebe zusammen genießen.

Umgekehrt sind in diesen Wochen von Corona viele Menschen sehr einsam. Die Einsamkeit und der Verlust von Menschlichkeit sind, neben der Erkrankung selbst und dem wirtschaftlichen Schaden, das Schlimmste an der Krise.

Es gibt Leute, die super mit sich selber klarkommen. Manche fahren sogar alleine in den Urlaub. Doch nicht jeder hat diese Einstellung zu sich selbst. Viele brauchen den Kontakt zu anderen Menschen.

Versetzen Sie sich in die Lage, in einem Altenheim oder im Krankenhaus zu liegen. Tag für Tag wird sehnsüchtig auf Besuch gewartet. Doch über Wochen darf die Familie nicht zu Besuch kommen. Im Falle einer Coronavirus-Infektion kann sich unter Umständen noch nicht einmal von der Familie verabschiedet werden. So sterben Personen nicht friedlich im Kreise ihrer Familie, sondern völlig alleine. Der Schritt des Abschiednehmens ist in jedem Fall schwer, so oder so. Sowohl für einen selber als auch für die Angehörigen. Doch gar keinen Abschied voneinander nehmen zu können ist unfassbar traurig. Das hat kein Mensch verdient.

Ein weiterer schwerwiegender Verlust ist der Verlust der Menschlichkeit. Ein Virus ist für den Menschen unsichtbar. Daher ist die Folge, dass das Virus überall befürchtet wird. Die Gesunden werden genauso behandelt wie die Kranken. Im Supermarkt wechseln Menschen präventiv den Gang, wenn in den selbigen einbogen wird. Es fühlt sich so an, als sei man in einer postapokalyptischen Welt und wäre in dieser die Bedrohung. Viele tun so, als sei jede andere Person giftig und dass, sobald jemand zu nah kommt, dies der sichere Tod sei. Corona ist schlimm, ja! Doch Corona ist nicht die Pest! Der Versuch, das Virus zu besiegen, indem das Risiko der Ansteckung minimiert wird, ist sinnvoll. Empathie, Freundlichkeit und Höflichkeit leiden unter den Begebenheiten. Im Alltag begegnen sich Fremde selbst unter normalen Umständen oftmals nicht mit der größten Nettigkeit. Doch wenn wir nicht aufpassen und wir unsere Menschlichkeit verlieren, dann wird der Sieg über das Virus ein sehr teuer erkaufter sein.

Auch wenn es einige positive Ausnahmen gibt, zieht sich die Abschottung und der Egoismus, wie ein roter Faden, vom Supermarkt bis in die Spitzenpolitik durch. Beim Einkaufen kann es am einfachen Aus-dem-Weg-Gehen festgemacht werden. In der internationalen Politik beispielsweise an einer Handlung des amerikanischen Präsidenten Donald Trump. Dieser wollte ein deutsches Pharmazie-Unternehmen, namens

CureVac, für eine Milliarde Euro kaufen. Das Unternehmen sollte einen Impfstoff produzieren, allerdings exklusiv und zwar nur für den amerikanischen Markt. Nicht für andere Länder. Es ist ein bisschen Ironie des Schicksals, dass genau der Mann, Dietmar Hopp, der wenige Wochen vorher noch in Fußballstadien verunglimpft wurde, unter anderem mit Beleidigungen und abgebildet im Fadenkreuz, sich für das Gemeinwohl der Weltbevölkerung einsetzte, indem er das Angebot der amerikanischen Regierung ablehnte, mit der Begründung, dass ein Impfmittel für jedes Land produziert werden sollte.

Obwohl Hopp selbst Milliardär ist, ist es nicht selbstverständlich, ein Angebot über eine Milliarde Euro aus Zivilcourage abzulehnen. Vor allem nicht, da es sich lediglich um die Forschung zu einem potentiellen Impfstoff gehandelt hat. Nicht einmal um das fertig entwickelte Produkt oder das Gegenmittel selbst.

Ein weiterer Vorfall in diesem Kontext ist die Umleitung von zwei Lieferungen von Atemschutzmasken nach Amerika, die eigentlich für Europa bestimmt waren. Die Meldung darüber sorgte in französischen und deutschen Medien für einen Aufschrei. Die Empörung war riesig. Sinngemäß lauteten die Schlagzeilen „Skandal – Trump klaut europäische Atemschutzmasken" oder „Moderne Piraterie". Einige Politiker brachten die Informationen in Umlauf, dass Flugzeuge auf dem Rollfeld abgefangen worden sind und die Bestände für einen erhöhten Preis aufgekauft wurden.

Das entspricht nicht so ganz der Wahrheit. Erstens ist die amerikanische Gesellschaft besonders schwer von dem Virus betroffen. Präsident Trump reaktivierte deshalb ein Gesetz aus dem Korea-Krieg. Dieses ermöglicht quasi eine temporäre Verstaatlichung von Unternehmen in Krisenzeiten. So trat der Fall ein, dass ein amerikanisches Unternehmen, welches in China produziert, dazu verpflichtet wurde, die Lieferungen nicht nach Europa zu transportieren, sondern die Schutzmasken nach Amerika zu liefern. Sicherlich ist die Umsetzung der Notstandsgesetze, bezüglich internationalen Handelsverträgen, nicht die feine englische Art.

Doch wer im Glashaus sitzt, der sollte nicht mit Steinen werfen. Denn einige Wochen zuvor hatte Frankreich öffentlichgemacht, dass alle Produktionsanlagen zur Herstellung von Atemschutzmasken beschlagnahmt sind, um damit ausschließlich französisches Gesundheitspersonal zu versorgen. Einen Tag später beschloss der deutsche Krisenstab ein Exportverbot von Schutzkleidung. Im Prinzip haben die USA dasselbe gemacht wie Frankreich und Deutschland zuvor auch. Die europäischen Länder haben sich in der Kommunikation wohl einfach etwas geschickter angestellt. Wobei geschickt eigentlich nicht passt. Denn der Exportstopp war ein Affront gegen das, bis dato, nach China am stärksten betroffene Land. Nämlich Italien. Es zeigt aber, wie emotional solche Nachrichten verbreitet und aufgenommen werden. Die Wahrheit wird in die eine oder andere Richtung verzerrt.

Die Medien und die Berichterstattung nehmen eine exorbitant wichtige Funktion in der Krise ein, werden dieser aber nicht immer gerecht. Einige Nachrichten werden politisch instrumentalisiert und Menschen unterbewusst beeinflusst und manipuliert. Anhand einer Person, in diesem Fall Donald Trump, wird klar, dass es auf der einen Seite zwar berechtigte Kritik gibt. Diese soll auf keinen Fall verschwiegen werden. Doch auf der anderen Seite werden Nachrichten quotentechnisch ausgeschlachtet und mit gefährlichen Halbwahrheiten verbreitet. Die Macht der Medien sollte deshalb mit vorsichtiger Skepsis betrachtet werden. Corona 2020 ist die erste so große Pandemie, in denen die Medien ihre Rolle als die „vierte Gewalt" so stark ausleben. Nicht jede quotenbringende Schlagzeile sollte direkt für wahr gehalten werden. Bei der Beschaffung von persönlichem Wissen sollte mehr denn je differenziert werden.

Der Kampf gegen das Coronavirus ist das Hauptschlachtfeld. Doch ein bedeutender Nebenkriegsschauplatz ist das Problem der irreführenden Nachrichten. Die Kritik richtet sich ausdrücklich nicht an seriöse Zeitungen und Magazine sowie die öffentlich-rechtlichen Sender, die sich um eine objektive Berichterstattung bemühen. Doch durch das Gesamtpaket mit Internet und sozialen Medien entsteht aufgrund der Menge an Neuigkeiten eine Informationsflut, deren Inhalt kaum zu bewältigen ist. Es gestaltet sich daher in der Praxis mitunter wahnsinnig schwierig, zu entscheiden was wahr und was unwahr ist, ob nur eine Vermutung vorliegt oder ob es sich gar um eine Erfindung handelt, um Profit zu generieren.

Die Gewaltenteilung wirkt verändert. Nicht, dass es tatsächlich so ist. Im klassischen Verständnis werden die Säulen Legislative, Judikative und Exekutive als die drei Gewalten bezeichnet. Doch während der Corona-Krise allerdings hat es zumindest den Anschein, als bestehen die drei Gewalten aus der Legislative, der Exekutive und den Medien. Beziehungsweise aus der Exekutive, den Medien und dem Robert Koch-Institut. Die Judikative hat, bezüglich ihrer Außendarstellung, innerhalb der Krise an Bedeutung verloren. Und dieser Eindruck gefällt mir überhaupt nicht.

Kapitel 5: Die Wirtschaft – Geld oder Leben

Aufgrund des Kampfes gegen das Coronavirus hat sich eine substanzielle und folgenschwere Krise der Wirtschaft entwickelt. Wir können nicht von einer kleinen Rezession sprechen, die im Laufe der stetig wachsenden Wirtschaftsleistung schon irgendwie abgefedert werden wird. Es ist deutlich erkennbar und abzusehen, dass wir es im Jahr 2020 mit einer Depression zu tun haben, deren Folgen bedeutsam sind und uns einige Jahre beschäftigen werden. Es war eine extreme Entscheidung der Politik, die sogar als radikal tituliert werden kann, den Schritt zu wagen, die Wirtschaft fast völlig herunterzufahren. Innerhalb weniger Wochen hat sich die florierende Weltwirtschaft zu einer, von der Produktivität her, mit einer Nachkriegswirtschaft vergleichbaren entwickelt.

Im Gegensatz zu anderen Wirtschaftskrisen war der Weg in die Rezession nicht ganz unfreiwillig. Natürlich hat niemand die Corona-Krise geplant, niemand gewollt und in die Situation ist eher hineingeschlittert worden. Doch diesmal waren es keine unvorhersehbaren Ereignisse wie Kriege, Inflation, eine Bankenkrise oder eine Spekulationsblase, die plötzlich platzt, die im Endeffekt für die Krise kausal waren. Das Coronavirus hat sich, zumindest außerhalb Chinas, einige Monate lang angedeutet und war ein kalkulierbarer Faktor. Die Gründe, weshalb die Corona-Krise die globale Wirtschaft mit einer extremen Härte und ungeheuren

Wucht trifft, sind vielfältig. Die internationalen Verflechtungen des Bankwesens, der Unternehmen, der Produktion und die Abhängigkeit von Export und Import sind nur einige von vielen Punkten. Doch im Unterschied zu anderen historischen Weltwirtschaftskrisen wurde der Weg in die Rezession als solches durch den Beschluss von notwendigen Maßnahmen zur Eindämmung der Pandemie doch auch ein Stück weit selbstständig gewählt.

Die Maßnahmen zur Eindämmung sind der finale Auslöser der wirtschaftlichen Einbußen. Dass diese, im Bewusstsein über die damit verbundenen Risiken, weltweit eingegangen worden sind, untermauert deren Wichtigkeit. Es gibt ein wenig Hoffnung, dass, sobald eine Entspannung der Lage, im Hinblick auf Corona, in Sichtweite ist, Beschränkungen zügig aufgehoben werden, der Handel wieder regulär aufgenommen wird und ein starker Aufschwung die finanziellen Schäden stellenweise kompensieren kann. Doch niemand kann sagen, wie lange die Wirtschaft stillsteht, stillstehen muss. Je länger sie es tut, desto mehr schrumpft sie und umso desaströser sind die Folgen.

Die Entscheidung der Politik, die Wirtschaft vor eine denkwürdige und historische Zerreißprobe zu stellen, um Menschenleben zu schützen, ist unter dem Leitgedanken der Humanität bemerkenswert. Unter dem Aspekt der Menschlichkeit steht eine andere Möglichkeit auch gar nicht zur Debatte. Der Ansatz, Gesundheit zu bewahren und Leben zu retten, befindet sich im Vordergrund jeder Entscheidung. Zu behaupten, dass die Wirtschaft wichtiger sei als das Leben selbst, ist schrecklich und seelenlos. Doch Probleme zu verdrängen und sich von der allgemeinen Hysterie anstecken zu lassen, stellt bisweilen eine schlimmere Infektion als das Virus selber dar.

Denn ohne eine funktionierende Wirtschaft kann eine Gesellschaft auf Dauer nicht überleben. Die Wirtschaft ist der Motor der Gesellschaft und das Rückgrat jedes Staates. Die Motivation, die Gesundheit der Bürger zu schützen, ist zwar am wichtigsten. Doch es ist stets ein schmaler Grat, an dem Massenarbeitslosigkeit, Zahlungsunfähigkeit sowohl privater als auch geschäftlicher Natur und die Überschuldung ein System auch in die Knie zwingen können. In der Vergangenheit haben wir gesehen, wozu Armut führen kann. Eine Krise der Wirtschaft bedingt in der Folge oftmals soziale Unruhen, welche politische Instabilität mit sich bringen.

Die Zukunft wird zeigen, ob die Entscheidungen der Politik äußerst mutig und richtig gewesen sind oder naiv und engstirnig waren.

Um konstruktiv nach Lösungen suchen zu können, erfordert es eines Balanceakts, der einem Seiltanz im Zirkus gleichkommt. Die Abhängigkeiten sind so komplex, dass es schwierig ist, alle Themenfelder und Probleme zu überblicken. Trotzdem darf keines aus den Augen verloren werden. Niemand darf den Eindruck haben, vernachlässigt zu werden. Weder der Arbeitnehmer, der, wegen der Krise, seinem Job nicht nachgehen kann. Noch die Selbstständigen und die Mittelschicht dürfen vergessen werden. Auch die großen Unternehmen müssen gestützt werden, denn schließlich hängen an diesen ebenfalls wieder Arbeitsplätze. Die Wirtschaft ist ein komplexer Kreislauf, aus dem niemals zu viele Komponenten auf einmal entfernt werden sollten. Die wirtschaftliche Existenz zu schützen ist neben der Gesundheit das A und das O. Das Thema Wirtschaft ist in der Corona-Krise eine Herkulesaufgabe. Das Meistern dieser ökonomischen Herausforderungen wird zeigen, welche Staaten aus der Krise als Gewinner und welche als Verlierer hervorgehen werden.

Um die Liquidität zu sichern, bieten Staaten auf der ganzen Welt sowohl ihren Unternehmen als auch den Privatpersonen Hilfskredite an, um die Krise zu überstehen. Deutschland ist weltweit das Land, welches am meisten Geld in die Wirtschaft pumpt. Von den Beträgen können die meisten anderen Länder nur träumen. Außerdem wurde mit dem Kurzarbeitergeld ein Weg gefunden, dass die Arbeitslosigkeit gering bleibt. Laut Umfragen droht dennoch jedem vierten deutschen Unternehmen die Insolvenz. Die Bundesagentur für Arbeit rechnet für 2020 mit rund 2,3 Millionen Menschen in Kurzarbeit. Die Zahlen in den USA sind noch dramatischer. Innerhalb der letzten beiden Wochen im März 2020 haben sich in den USA rund 10 Millionen Menschen arbeitslos gemeldet. So viele wie nie zuvor in so kurzer Zeit. Dieser Wert entspricht der zehnfachen Zunahme an Arbeitslosigkeit verglichen mit der Finanzkrise 2008. Bis Mitte April haben sich über 22 Millionen Menschen in den USA arbeitslos gemeldet. Die Arbeitslosigkeit und damit einhergehende finanzielle Probleme, unabhängig von den psychischen Auswirkungen durch die reine Quarantäne, gehören zu den größten und kompliziertesten Problemfeldern der Krise.

Die einzige Lösung ist es, die Wirtschaft schrittweise und behutsam wieder zu öffnen, denn ohne Wirtschaft wird es mittelfristig nicht gehen. Es kann auf Dauer nicht sein, dass der Staat Geld ausbezahlt, aber keine Steuern einnimmt. Wir leben nicht in einer Welt, wo das Geld auf den Bäumen wächst.

Zumindest tut das Essen teilweise. Doch in Städten ist dies eher weniger häufig der Fall. Der Trend zur Urbanisierung findet überall auf der Welt statt. In manchen Ländern mehr und in anderen weniger. In Ballungsgebieten ist die Situation für Menschen besonders dramatisch. In Indien setzte aus Angst bereits eine Landflucht ein. Doch aufgrund der Ausgangssperre dürfen die Einwohner die Städte nicht mehr verlassen. Aufgrund der Verlängerung der Ausgangssperre gab es in den ersten Ländern bereits Proteste und Demonstrationen. Diese Entwicklung wird es ohne wirtschaftliche Stabilität überall auf der Welt geben, sollten keine Mittel und Wege gefunden werden, dass den Menschen ein Gefühl von Sicherheit vermittelt wird.

Nach der Meinung von Epidemiologen kann es bis zu einem Jahr oder länger dauern, bis wir wieder normal, ohne Einschränkungen, leben können. Wenn der aktuelle Zustand der Quarantäne tatsächlich über Monate oder Jahre aufrechterhalten werden sollte, dann ist Corona irgendwann nicht mehr unser größtes Problem. Es zeigt sich bereits nach kurzer Zeit, wie nervös die Menschen werden können. Wir leben in einem so sensiblen Gleichgewicht. Mit allem. Nicht nur hinsichtlich der Wirtschaft und der Gesundheit. Dazu zählt genauso die Umwelt und unser soziales Miteinander.

Die folgende Formulierung ist drastisch und ausdrücklich nicht das, was ich möchte! In einer Dystopie, einer Zukunft mit negativem Ausgang, in der Corona in Monaten oder Jahren immer noch der Stellenwert wie aktuell zugemessen wird, werden sich viele Menschen die Frage stellen, ob es denn im Verhältnis steht, die Konflikte, die dann existieren sollten, wegen Menschen, die in vielen Fällen auch an jeder anderen Krankheit verstorben wären, nicht verhindert zu haben.

Davon gehen wir mal nicht aus. Denn wir haben schon schlimmere Krisen überstanden. Obwohl es für vorsichtigen Optimismus zu früh ist, gibt es eine erste Abflachung der Infektionskurve. Das ist zumindest ein positives Signal. Darauf darf sich nicht ausgeruht werden und erst recht darf nicht sofort alles wieder auf null gestellt werden. Dann wären die Maßnahmen umsonst gewesen. Doch gerade wegen der positiven Zeichen lässt sich zumindest in kleinen Schritten die Wirtschaft wieder ankurbeln, damit die Schäden nicht noch größer werden. Etwaige Lockerungen müssen bedacht geschehen, aber sie müssen geschehen.

Der Freihandel ist fast komplett eingeschränkt, da Fabriken und Firmen geschlossen sind und die Produktion kaum stattfindet. Internationale Produktionsketten sind sowieso unterbrochen. Es bleibt abzuwarten, wie die einzelnen Länder mit dem aktuell unausweichlichen Protektionismus umgehen. Möglicherweise ziehen Staaten aus den Maßnahmen auch ihren Nutzen. Länder, die als Erstes die Krise überwunden haben, könnten Zölle einführen, damit erstmal die inländische Wirtschaft gepusht wird, um gestärkt aus der Krise zu kommen. Innerhalb von Europa wäre dies, durch den freien Binnenmarkt, rechtlich nicht zulässig, doch was scheint in Zeiten von Corona noch normal und ausgeschlossen zu sein? Die Grenzen jedenfalls sind schon zu.

Um die wirtschaftlichen Schäden der Corona-Krise aufzufangen, bedarf es einer internationalen Zusammenarbeit. Speziell die europäischen Länder sollten sich gegenseitig unterstützen. Denn sonst hätte die Union ihren Zweck verfehlt. Eine Gemeinschaft ist nur so stark wie ihr schwächstes Mitglied. Das Stichwort Corona-Bonds ist ein vieldiskutiertes Thema. Doch ob gemeinsame Staatsschulden die Lösung sind, sollte kritisch betrachtet werden.

Nicht nur Europa sollte sich solidarisch zeigen. Corona ist ein Problem, welches nicht nur das eigene Land etwas angeht. Es ist ein natürlicher Schutzmechanismus, sich erstmal um sich selber zu kümmern. Doch wenn man sich selbst in Sicherheit gebracht hat, dann sollte geholfen werden, noch andere zu retten. Auch die Schwellenländer werden mit ihrer Wirtschaft und den Auswirkungen zu kämpfen haben. Wie gesehen werden kann, ist es in den größten Ländern Europas und in Amerika, wobei wir zu den wohlhabendsten Ländern der Welt gehören, alles andere als einfach. Wie soll es erst in finanzschwachen Ländern aussehen, wenn das Virus dort stark ausbricht? Eine weltweite Solidarität ist von großer Bedeutung. Dennoch darf Geld nicht blind verliehen werden. Vor allem nicht dann, wenn es welches ist, das man selber eigentlich gar nicht hat.

Kapitel 6: Die Europäische Union – Keiner für alle und alle für keinen

In der Corona-Krise hat sich die Europäische Union weitestgehend als schwach präsentiert. Von Solidarität und Zusammenhalt war wenig zu spüren. Statt gemeinsam nach einer Lösung zu suchen, wurden die Gefahren anfangs verdrängt und danach ein bisschen in Panik verfallen. Dies entfaltete sich zunächst mit dem Exportstopp von Schutzkleidung und Atemschutzmasken. Es offenbarte sich am deutlichsten, als in einer Nacht-und-Nebel-Aktion ein Land nach dem anderen angefangen hat, sich abzuschotten, durch die Schließung der innereuropäischen Grenzen.

Italien, als erstes und am stärksten betroffenes Land, sah sich zu der Maßnahme, die Grenzen zu schließen, gezwungen. In der Situation war es eine forsche, konsequente und gute Entscheidung der italienischen Regierung. Danach fiel aber jedes Land wie ein Dominostein. Innerhalb von ein paar Tagen hatte das Europa, wie wir es über Jahrzehnte kannten, aufgehört zu existieren. In einigen Ländern wurde der Notstand ausgerufen und Produktionen von Unternehmen verstaatlicht. In beinahe allen europäischen Staaten herrschen Einschränkungen der Freiheitsrechte. Selbst Amnesty International, an dieser Stelle sollten bei allen hoffentlich die Alarmglocken läuten, warnt vor dem Verlust von Freiheitsrechten in Europa. Dies zeigt, wie ernst die Situation ist.

Die Menschenrechtsorganisation greift speziell Ungarn an und argumentiert mit einem neuen Gesetz, welches es der Regierung erlaubt, per Notstandsdekret auf unbestimmte Zeit zu regieren.

In Frankreich hat die Polizei bis Stand Mitte April rund 600.000 Bußgeldbescheide, wegen der Verletzung der Corona-Auflagen, ausgestellt. In Österreich wurde ein Mann von der Polizei angezeigt, weil er alleine einfach nur auf einer Parkbank saß.

In Deutschland gab es sogar einen ganz skurrilen Fall. Eine deutsche Staatsangehörige sollte, im Rahmen der Corona-Maßnahmen, des eigenen Landes verwiesen. Diese lebt mit ihren beiden Kindern und ihrem französischen Ehemann in Paris. Um dem Hotspot Paris zu entgehen, fuhr diese, noch bevor die Grenzen zu gewesen sind, in das deutsche Bundesland Mecklenburg-Vorpommern. Dort besitzt die Familie ein Landhaus. Der Mann blieb derweil aus beruflichen Gründen in Paris. Dort angekommen riefen Leute die Polizei, weil dort ein Auto mit französischem Kennzeichen parkte. Am nächsten Tag hat das Ordnungsamt vor der Tür gestanden und die deutsche Frau und ihre Kinder des eigenen Landes verwiesen, da diese in Paris wohnhaft gemeldet sind.

Losgelöst von den, im Verlauf der Krise, eingeschränkten Freiheits- und Menschenrechten auf dem ganzen Kontinent möchte jedes Land mit den Maßnahmen das Problem so schnell wie möglich aus der Welt schaffen. Na ja, eigentlich ja nicht wirklich aus der Welt, sondern nur aus dem eigenen Land. Das Schließen der Grenzen, um die Ausbreitung des Virus zu verhindern, kann im Sinne des europäischen Gedankens zwar als falsch betrachtet werden, doch es hat auch Vorteile. Auf diese Weise können Infektionsketten zwischen verschiedenen Ländern unterbunden werden. So wie der einzelne Mensch in Quarantäne muss, muss das Konzept auch in einem größeren Stil angegangen werden. Dazu zählt auch, präventiv die Grenzen zu schließen. Der Warenverkehr und auch zumeist Berufspendler sind von den Einreiseverboten nicht betroffen. Die Durchreise ist zudem in vielen Ländern weiterhin erlaubt.

Es gibt genügend Menschen, die es sogar gerne gesehen hätten, wenn die Grenzen noch früher geschlossen worden wären. Doch stellen Sie sich vor, wie die europäische Bevölkerung reagiert hätte, wenn die einzelnen Länder die Grenzen bereits im Februar dichtgemacht hätten. Der Aufschrei wäre riesig gewesen. Zumal viele Familien, teilweise besonders in Grenzregionen, sowohl in dem einen als auch in dem anderen Land Verwandtschaft haben. Zu dem damaligen Zeitpunkt war die Gefahr durch das Virus nicht so bedrohlich. Die Entscheidung wäre vorschnell und übereilt gewesen. Die Tatsache, dass die Grenzen zu sind, ist noch immer kaum vorstellbar und schwierig zu begreifen. Ohne einen Großteil der Bevölkerung hinter sich zu haben, der die Notwendigkeit versteht, wäre der Beschluss, die Grenzen zu schließen, nicht durchzusetzen gewesen.

Für konservative und rechte Parteien ist mit den Grenzschließungen einer ihrer kühnsten Träume in Erfüllung gegangen. Der Nationalstaat steht im Vordergrund. Es zeigt sich womöglich, dass innerhalb der Europäischen Union am Ende wohl doch nur auf sich selber Verlass ist. Europaskeptiker werden sich in der Corona-Krise in einigen Punkten bestätigt fühlen.

Ein antieuropäischer Trend war schon vor der Corona-Krise erkennbar gewesen. In immer mehr Staaten haben Parteien an Zuwachs gewonnen, die sich ganz klar gegen das moderne Europa und die Institution EU positionieren. Angefangen von der Rassemblement National, ehemaliger Name Front National, in Frankreich, der Lega in Italien und der AFD in Deutschland. In beinahe jedem Land gibt es Parteien, welche die EU scheitern sehen möchten. Großbritannien ist im Januar 2020 bereits aus der Europäischen Union ausgetreten.

Es muss ganz klar gesagt werden, dass es berechtigte Kritik am Modell der EU gibt. In der EU als Organisation existieren zahlreiche Mängel. Allen voran das Demokratiedefizit, die Aushöhlung der nationalen Parlamente und die Zentralisierung Brüssels. Wir leben in Europa mit vielen verschiedenen Kulturen, die geschützt werden sollten. Deshalb ist ein gesunder Patriotismus nicht verkehrt, solange dieser nicht mit Rassismus einhergeht. Die einzelnen Länder existieren nun einmal und Europa ist sehr individuell. Der Versuch, immer mehr anzugleichen und das nationale Wir-Gefühl durch ein kosmopolitisches Wir-Gefühl auf europäischer Ebene zu ersetzen, gefällt nicht jedem. Erst durch die Entwicklung, sich immer mehr nationale Kompetenzen einzuverleiben, ist die EU in schwieriges Fahrwasser gebracht worden. Dadurch hat die europäische Union den Weg für kritische Parteien geebnet. Letztendlich war dies einer der Hauptgründe, warum Großbritannien „den Stecker gezogen" hat.

Denn London hatte keine Lust mehr, ihre nationale Politik von Brüssel aus teilweise fremdbestimmen zu lassen.

Doch trotz Kritik überwiegen die Vorteile der supranationalen Gemeinschaft. In Europa gab es noch nie eine so lang anhaltende Zeit des Friedens. Obwohl es länderspezifische Unterschiede gibt, herrscht im Vergleich zu anderen Teilen der Welt ein verhältnismäßig hoher Wohlstand. Trotzdem gibt es auch innerhalb Europas gravierende Unterschiede. Ein Ziel muss es sein, das Auseinanderdriften von Arm und Reich einigermaßen aufzuhalten, sonst werden die Spannungen die Union zerreißen.

Der europäische Binnenmarkt ist der größte der Welt. Das ist er aber nur wegen des freien Verkehrs von Waren- und Dienstleistungen. Ohne die Staatengemeinschaft würden die meisten Länder, wirtschaftlich gesehen, international untergehen. Auf Deutschland trifft dies eher begrenzt zu. Denn Deutschland steht sogar häufig in der Kritik wegen des hohen Handelsüberschusses durch die Exporte. Dieser kommt aber unter anderem zustande, weil Deutschland auch von der EU profitiert. Europa kann nur gemeinsam, im globalen Wettkampf um Ressourcen, Macht und Wohlstand, mit den Big Playern USA, China, Russland und Indien mithalten.

Die Freizügigkeit ermöglicht die freie Wahl des Wohn- und Arbeitsortes. Zusätzlich gibt es eigentlich keine Grenzkontrollen. Wir leben in Europa in einer absoluten Freiheit, die nur den Gesetzen unterworfen ist. Diese Freiheit sollte geschätzt werden, denn sie ist, wie gesehen werden kann, nicht selbstverständlich. Je mehr Freiheit Menschen haben, desto mehr Verantwortung bringt diese mit sich. Dazu zählt auch, in Krisen füreinander da zu sein. Freundschaft zeigt sich insbesondere in Zeiten der Not. Deshalb ist es unerlässlich, in der aktuellen Corona-Krise zusammenzustehen und die zu unterstützen, die Hilfe am nötigsten haben.

Zu Beginn der Krise wurde Italien weitestgehend alleingelassen. Das war ein katastrophales Versäumnis der EU. Es muss alles getan werden, um besonders Italien und Spanien unter die Arme zu greifen. Doch die Corona-Krise ausnutzen zu wollen, um EU-Anleihen durchzusetzen, ist fatal. Die EU-Anleihen, auch Euro-Bonds oder, im Rahmen der Corona-Krise, Corona-Bonds genannt, können nicht der richtige Weg sein. Argumente, die dafürsprechen, sind, dass kein Land Gefahr läuft, von den Schulden der Corona-Krise erdrückt zu werden, da die Schulden auf alle europäischen Länder verteilt werden. Außerdem wären EU-Staatsanleihen reizvoll für Investoren, da diese als sehr stabil gelten würden und sogar in Konkurrenz zu den US-amerikanischen Staatsanleihen treten könnten.

Dennoch sprechen einige Punkte ganz klar dagegen. Durch gemeinsame Schulden hätten Länder, die chronisch in finanziellen Schwierigkeiten stecken, keinen Grund mehr, ihren Haushalt zu sanieren und in Richtung schwarze Null zu bringen. Möglicherweise wäre die Folge, dass eher mehr Schulden gemacht werden würden und die Staatsverschuldung größer wird statt geringer. Und dafür müssten dann andere Staaten haften. Außerdem stellt sich die Frage, ob es den Bürgern der Länder, die mehr Zinsen bezahlen müssten, tatsächlich gefällt, wenn mehrere zehn Milliarden Euro pro Jahr an Zinsen für Kredite gezahlt werden. Nur damit andere Länder etwas weniger Zinsen für Kredite zahlen. Dieser Umstand führt nur zu weiteren Diskussionen, Unzufriedenheit und einer Abkehr von der EU.

Ohne Euro-Bonds sind Italien und Spanien unzufrieden, mit Euro-Bonds die Länder mit einer guten Bonitätsbeurteilung. Auch wenn Euro-Bonds nicht direkt damit vergleichbar sind, könnte dann auch gleich ein Länderfinanzausgleich, wie zwischen den deutschen Bundesländern, im Rahmen der Europäischen Union eingeführt werden. Auf EU-Ebene nennt sich dieses Konzept des Ausgleichs Transferunion.

Eigentlich braucht die Diskussion über Corona-Bonds beziehungsweise Euro-Bonds gar nicht geführt zu werden. Denn zunächst einmal bedarf es einer einstimmigen Mehrheit bei Abstimmungen, die die EU-Finanzen betreffen. Enthaltungen stehen der Einstimmigkeit nicht im Wege, doch sobald ein Land dagegen stimmt, ist das Thema vom Tisch. Die Wahrscheinlichkeit, dass alle Länder für gemeinsame Schulden abstimmen, ist verschwindend gering. Was Corona-Bonds allerdings sehr wohl im Wege steht, ist Artikel 125 des AEU-Vertrages. Das ist der Vertrag über die Arbeitsweise der Europäischen Union. Artikel 125 beinhaltet die sogenannte Nichtbeistandsklausel, die besagt, dass jeder Staat die eigenen Schulden trägt. Jener Artikel war im Jahr 1993 der Vorbehalt, damit Deutschland der Währungsunion beitritt.

Bereits 2012 während der „Euro-Krise" entwickelte sich alles anders. Griechenland, das kurz vor der Staatspleite stand, brauchte Unterstützung von der EU. Der Euro-Rettungsschirm wurde eingeführt. Ein Teil des Schirmes besteht aus dem europäischen Stabilitätsmechanismus, abgekürzt ESM. Der ESM wurde auf Dauer eingerichtet. Dieser hat ein Kreditvolumen von bis zu 500 Milliarden Euro. Das Kapital dazu wird von den einzelnen Nationalstaaten bereitgestellt und jeder Staat haftet für seinen Anteil. Der Anteil von Deutschland und Frankreich beträgt gemeinsam rund 47 Prozent. So können sich Länder, die in einer Schuldenkrise stecken, günstige Kredite besorgen. Diese sind allerdings mit Sparmaßnahmen verknüpft. Während der Staatsschuldenkrise Griechenlands ist die sogenannte Troika, eine Kontrollinstanz bestehend aus Beamten der Europäischen Zentralbank, dem Internationalen Währungsfonds und der EU-Kommission, in Griechenland zum Inbegriff des Hasses gegen die EU geworden. Denn die Troika steht, aus der Sicht vieler Griechen, für extrem harte Sparmaßnahmen. Die Troika überwacht die Gesetzgebung und den Haushaltsplan der betroffenen Länder.

Selbst das europäische Parlament hat die Troika für die Strenge der Maßnahmen kritisiert und der Institution mangelnde Transparenz vorgeworfen sowie, dass die Maßnahmen die Länder nur weiter in die Rezession getrieben hätten. Tatsächlich der gegenteilige Effekt, der eigentlich eintreten sollte. Daher ist nachvollziehbar, warum Italien sich nicht unbedingt auf Gelder aus dem ESM einlassen möchte.

Im Kontext der Corona-Krise pochen Italien und Spanien deswegen so stark auf Corona-Bonds, da diese dafür sorgen würden, dass die stark verschuldeten Länder zwar günstig an Kredite kommen, dabei aber gleichzeitig keiner Kontrolle unterliegen. Dies steht im Gegensatz zum ESM-Programm. Im Prinzip zielt die Euro-Bonds-Diskussion darauf ab, ob die besonders vom Coronavirus geplagten Länder, Hilfe erhalten und Kredite aufnehmen können. Im Detail aber, geht es um die Frage, wer für die Schulden haftet und welche Art von Sicherheit die Gläubiger haben. Außerdem ob die Gelder mit etwaigen Auflagen versehen sind, wofür die Gelder verwendet werden dürfen.

Es muss alles dafür getan werden, dass die Länder, die am meisten unter der Krise leiden, aufgefangen und abgesichert werden. Sonst wird sich die antieuropäische Stimmung in Italien und Spanien noch verschlimmern. Doch eine allgemeine Vergemeinschaftung von Schulden kann nicht die Lösung sein. Die Haltung der deutschen, österreichischen und niederländischen Regierung, die Corona-Bonds nicht in Erwägung zu ziehen, mag hart erscheinen, ist aber richtig. Denn ein Freifahrtschein für gemeinsame Schulden, ohne externe Kontrolle, wird hoffentlich niemand zulassen. Das wäre nicht nur ein Verstoß gegen geltendes Recht, sondern für viele Bürger in diesen Ländern wiederum dann der Grund, sich von der EU abzuwenden.

Dennoch müssen Mittel und Wege gefunden werden, eine Spaltung der EU zu verhindern und auch eine Spaltung der Bevölkerung innerhalb der einzelnen Länder. Es darf ausdrücklich niemand alleingelassen werden, speziell gegenüber Italien muss etwas gutgemacht werden. Das erste Paket, welches beschlossen wurde, ist ein guter Anfang, wird aber nicht ausreichen. Dieses besteht zum einen aus Krediten aus dem ESM für die Staaten. Jedes Land kann bis zu zwei Prozent des Bruttoinlandsproduktes beantragen. Da nicht alle Länder den Kredit in Anspruch nehmen, kann der Anteil derjenigen, die den Kredit nicht brauchen, an andere Staaten aufgeteilt werden. Unternehmer erhalten Kredite bei der Europäischen Investmentbank und Arbeitnehmer haben Anspruch auf Kurzarbeitergeld aus dem Programm „Sure". Das Gesamtvolumen beläuft sich auf 500 Milliarden Euro. Es ist der erste Schritt in die richtige Richtung und eine Annäherung der wirtschaftspolitischen Streitpunkte zur Corona-Krise.

Erstaunlich ist der Einsatz von China und von Russland während der Corona-Pandemie gewesen. China war das erste Land, das Italien Hilfe angeboten hat. Danach folgte Russland. Auf der einen Seite kann vermutet werden, dass Propaganda dahintersteckt. Doch wieso muss immer alles schlechtgeredet werden? Zu Beginn hat Europa versagt und andere haben geholfen. Natürlich stecken Interessen hinter solchen Hilfseinsätzen. Daran besteht kein Zweifel. China kann die Hilfseinsätze zu Propagandazwecken im Inland gebrauchen. Russland erhofft sich möglicherweise eine Lockerung oder gar die Aufhebung der internationalen Sanktionen, die seit 2014 wegen der Annexion der Krim bestehen.

Doch wenn es um das Leben geht, gibt es kein links oder rechts. Wenn umgekehrt in Russland ein Problem wäre und Italien Unterstützung anbieten würde, dann würde niemand an eine politische Inszenierung denken. In diesem Sinne sollte man einfach dankbar für die Unterstützung sein und in Europa sollte lieber nach den eigenen Fehlern gesucht werden, statt die Hilfe anderer zu kritisieren.

In Deutschland zeigt sich eine Stärkung der Parteien der politischen Mitte. Das ist ein gutes Zeichen. Die bislang zumeist gute Politik sollte beibehalten werden und muss auf die europäische Ebene ausgeweitet werden, damit schnellstmöglich zu einer für alle zufriedenstellenden Lösung gelangt werden kann.

Manchmal bietet eine Extremsituation einem die Chance, etwas zu erkennen. Erst wenn man etwas verloren hat, weiß man es zu schätzen. So weit sollten wir es mit der EU nicht kommen lassen. Das Thema Corona ist für die Europäische Union eine große Herausforderung. Corona kann die Union stärker spalten, näher zusammenbringen oder am Streit zerbrechen lassen.

Kapitel 7: Die Zukunft – Ein Ausblick auf die Auswirkungen

Bei diesem Kapitel habe ich lange überlegt, ob ich es überhaupt schreiben soll, deshalb halte ich es auch möglichst kurz. Denn ich wage etwas, das schwierig ist und bei dem ich vorsichtig sein sollte. Nämlich eine Prognose über eine Entwicklung abzugeben, deren Ausgang ungewiss und noch gar nicht abzusehen ist. Dennoch bin ich so vermessen, wenigstens zu versuchen, einen vorsichtigen Ausblick in die Zukunft zu geben.

Der tatsächliche Ursprung des Coronavirus wird wissenschaftlich nie bewiesen werden können. Es bleibt bei den Vermutungen. Donald Trump wird weiterhin von seiner anfangs verfehlten Innenpolitik ablenken, indem er Fehler nicht bei sich selber sucht, sondern ausschließlich bei China und den demokratischen Gouverneuren. Die USA werden aber durch den Umgang Trumps mit Corona, trotz des Ausmaßes und der hohen Opferzahlen, die Wirtschaft schnell wieder ins Rollen bringen und dadurch die Krise gut überstehen. Aufgrund der Wertschätzung der Bevölkerung für seinen Einsatz zur raschen Wiederöffnung, der auch zu seinem Slogan der letzten Wahl „Make America Great Again" passt, wird er im November wiedergewählt werden.

Die Europäische Union wird sich zusammenraufen und einen, in dieser Höhe, noch nie dagewesenen Plan zur wirtschaftlichen Rettung finanziell angeschlagener

Staaten entwickeln. Dieser führt nicht dazu, dass die antieuropäischen Parteien verschwinden, doch er wird das Überleben der EU sichern. Unverschuldete Notlagen, Arbeitslosigkeit und in der Folge die Armut, Ausweglosigkeit und Unzufriedenheit waren schon immer Faktoren und ein Nährboden für eine Radikalisierung der politischen Einstellung von Menschen. So wird es auch in Zukunft sein. Daher wird der Einfluss von Parteien jenseits der Mitte sogar größer. In Ländern hingegen, die die Krise gut überstehen, erleben die Regierungsparteien der Krise eine Renaissance. Die Europäische Union wird mächtig wackeln, doch der Einfluss antieuropäischer Strömungen wird nicht ausreichen, um die Union endgültig zu zerschlagen.

Nach und nach werden die Maßnahmen wieder gelockert werden. Es wird erkannt werden, dass die Auswirkungen auf die Menschheit mittelfristig nicht im Verhältnis stehen. Außerdem wird auch eine Aufarbeitung der rechtlichen Seite der Corona-Krise stattfinden und dabei wird festgestellt werden, dass nicht alles einwandfrei verlaufen ist. Für die Zukunft werden Konzepte überlegt werden, wie mit einer erneuten biologischen Bedrohung umzugehen ist, ohne dass fast sämtliche Grundrechte der Menschen mit Füßen getreten werden.

Die Weltgesundheitsorganisation gab die Prognose, dass in 15-18 Monaten ein Impfstoff zugelassen werden könnte. Selbst wenn es einen Impfstoff geben sollte, finden sich immer noch genügend Impfgegner. Was passiert mit den Menschen, die sich nicht impfen lassen wollen? Wird man sie aufsuchen und gegen ihren Willen impfen? Meiner Meinung nach wäre dies Körperverletzung. Die Zukunft wird einige Fragen aufwerfen, die heute noch in weiter Ferne liegen. Gehören Massenveranstaltungen der Vergangenheit an? Wie ist damit umzugehen, wenn Menschen nur friedlich demonstrieren, trotz Corona-Beschränkungen? Was passiert, wenn das Virus mutiert? Gibt es mehrere Wellen?

Es heißt von vielen Regierungen, dass ohne einen Impfstoff nicht zu einer vollkommenen Normalität zurückgekehrt werden kann. Doch bis es Antworten auf diese Fragen gibt, wird vieles zu spät sein. Denn über einen so langen Zeitraum werden sich die Menschen nicht einsperren lassen. In der Zwischenzeit wird es je nach Regierungsform in bestimmten Ländern zu Aufständen und bürgerkriegsähnlichen Zuständen kommen. In Deutschland nicht, wir sind kein revolutionäres Volk. Außerdem bewältigen wir die Krise sehr gut und besser, als die meisten Länder. Doch ein Blick nach Brasilien, auf die bewaffneten Demonstrationen in den USA oder auch in anderen Ländern geben einen Ausblick auf das, was in einigen Monaten bevorstehen wird. Die Zustände werden eher schlimmer als besser.

Sogar in Deutschland sind bereits Demonstrationen aufgelöst worden. Was soll in Zukunft erst den Ländern bevorstehen, die nicht in einer Demokratie leben? Viele Staaten werden noch autoritärer werden. Das beginnt bei der Überwachung und zeigt sich am stärksten beim Tracking durch eine App. Menschen werden wie Tiere behandelt. Hunde bekommen einen Tracker in das Halsband integriert, um sie wiederzufinden. Menschen bekommen diesen per App auf ihr Handy und laufen damit noch freiwillig herum. Viele finden das sogar noch toll. Die Stasi hätte es nicht besser machen können. Die Corona-Krise sollte dafür sorgen, vieles zu hinterfragen. Immanuel Kant sagte: „Habe den Mut, dich deines eigenen Verstandes zu bedienen."

Die Zukunft kann in mancher Hinsicht aber auch positiv verlaufen. Die Welt wird immer internationaler. Durch Corona beschäftigt sich jedes Land mit sich selber, vielleicht hat die Welt das in Zeiten der Globalisierung einfach mal gebraucht, den eigenen Nationalstaat in den Vordergrund zu stellen. Nach der Krise kommen Staaten möglicherweise besser mit selbst zurecht und insgesamt gestärkt aus der Krise.

Durch Corona werden die modernen Möglichkeiten der Kommunikation viel besser ausgenutzt, dies hat zur Folge, dass es in Zukunft weniger unnötige Reisen gibt, was sich positiv auf die Umwelt auswirken wird. Das ist ein positiver Aspekt.

Eine Idee wäre es, alle zwei Jahre für eine Woche alles herunterzufahren. Es könnte eine Erderholungswoche, eine sogenannte Earth Recovery Week, eingeführt werden. Diese eine Woche dürfte keine religiösen Feste betreffen und müsste zeitlich immer zu einem anderen Termin stattfinden. Voraussetzung ist eine weltweite Akzeptanz und die Bereitschaft mitzumachen. In dieser einen Woche wird der Natur eine Verschnaufpause gegönnt und die Menschen können dankbar sein und sich darauf besinnen, dass sich alles ganz schnell ändern kann.

Aufgrund der Corona-Krise hat sich die Zukunft gewandelt. Es gibt kein Weiter-so und kein Zurück. Sicherlich wird das meiste, und das auch zum Glück, ganz normal weitergehen wie vorher. Doch einige Dinge werden anders sein. Nicht zuletzt die unterschwellige Angst vor einer neuen Pandemie dieses Ausmaßes. Ob Corona durch einen Impfstoff besiegt werden wird, ob es ähnlich wie das HI-Virus weiterhin fortexistiert, ein wiederkehrendes Virus wie die Influenzagrippe wird oder von selbst beziehungsweise durch die Maßnahmen verschwindet, bleibt abzuwarten.

Rückblickend wird man irgendwann denken, das war halt damals so. Einfach weiterzumachen und sich anzupassen ist, im übertragenen Sinne, in der DNA der Menschen verankert. Wir werden lernen müssen, mit der Bedrohung zu leben, ohne unsere Werte und unser Leben wie wir es kennen aufzugeben.

Die Zukunft wird uns so oder so eines Besseren belehren. Heute bleibt uns nur die Vorfreude, bei der es bekanntlich heißt, sie sei die schönste Art der Freude, und die Hoffnung, bald wieder ein normales Leben führen zu können. Das heißt mit zwischenmenschlichen Kontakten, intimen Augenblicken und wahrhaftigen Gefühlen. Wir Menschen sind keine Maschinen und keine Figuren in einem Videospiel. Wir sind real und brauchen den Kontakt zu anderen. So wie es aktuell ist und mit den ganzen Sorgen macht das Leben wenig Spaß. Und Freude am Leben zu haben ist das Lebenswerteste überhaupt. Die Zukunft wird uns diese Lebensfreude wiederbringen.

Nachwort:

Auch wenn ich Ihnen, sehr geehrter Leser oder sehr geehrte Leserin, keine Rechenschaft schuldig bin, so sollte ich dennoch ehrlich sein. Denn das Schlimmste ist, nicht authentisch zu sein. Zu Beginn der Corona-Krise habe ich die Lage nämlich völlig unterschätzt. Es wäre heuchlerisch, so tun, als wären mir alle Risiken rund um das Thema frühzeitig oder schon Anfang des Jahres bewusst gewesen.

Im März wollte ich eigentlich mein erstes Buch „De Vita" veröffentlichen. Das Coronavirus hat mir dabei einen Strich durch die Rechnung gemacht. Der Messestand und das Hotel waren gebucht, Freunde zum Helfen am Start und alles organisiert. Zunächst war ich sauer auf die Veranstalter, dass sie sich dem Druck der Gesellschaft, zu dem Zeitpunkt waren es noch keine staatlichen Maßnahmen, sondern nur Empfehlungen, gebeugt haben. Die Veranstalter der Leipziger Buchmesse haben, trotz Millionen Euro Schaden, besonnen und richtig reagiert. Zu diesem Zeitpunkt war ich jedenfalls einfach nur enttäuscht und ein Stück weit sauer auf alles und jeden. Mir erschien die Welt unfair. Gerade jetzt, wo mein erstes Buch erscheinen soll, passiert so was. Ein paar Tage lang hat die Familie meine schlechte Laune ertragen müssen. Nachdem ich aufgehört hatte, im Selbstmitleid zu versinken, weil ich feststellen musste, dass meine Probleme durch das Coronavirus doch relativ gering sind, als mir das Ausmaß und die Ernsthaftigkeit klar wurde, beschloss ich, das Beste aus der Situation zu machen. Ich begann zu schreiben.

Da Semesterferien waren und weder Vorlesungen stattgefunden haben noch die Bibliothek offen hatte, zusätzlich der Kontakt zu Freunden verboten oder eingeschränkt war, war mir langweilig. Da ich, wie viele, die Zeit ausschließlich zuhause verbrachte, war meine Intention hinter diesem Buch, die Zeit irgendwo sinnvoll zu nutzen und mit etwas Inhalt zu füllen. Deshalb habe ich mich entschieden, einfach meine Gedanken und meine Eindrücke aufzuschreiben. Corona ist für mich, wahrscheinlich genauso wie für Sie, eine neue, in dieser Form noch nie dagewesene, Situation. Ein Stück weit habe ich das Schreiben selbst gebraucht, um für mich die Umstände einzuordnen und verarbeiten zu können. Angefangen von der gesundheitlichen Gefahr über die staatlichen Eindämmungsmaßnahmen, den Freiheitsentzug bis hin zu den Auswirkungen.

Jeder macht seine eigenen Erfahrungen in der Corona-Krise. Ein Erlebnis, welches ich nicht vergessen werde, weil es mir absolut seltsam vorkam, war der Besuch in einer Metzgerei. Ich kam herein und da war einfach ein Mann in einem Schutzanzug und hat alles desinfiziert. In dem Moment kam ich mir vor wie in dem Reaktor von einem Atomkraftwerk, und das beim Fleischholen im Nachbarort. Dieser Umstand löste irgendwie ein so beklemmendes Gefühl aus und symbolisiert den Moment, da ich persönlich in der Corona-Krise angekommen war.

Dieses Buch ist ein Teil der Krise. Aber nur ein Ausschnitt davon. Es handelt sich um meine subjektive

Wahrnehmung der Corona-Krise. Ich habe dieses Buch in dem Zeitraum zwischen dem 20.03.2020 und dem 19.04.2020 verfasst. Meine Eindrücke, Empfindungen und Auffassungen beziehen sich daher größtenteils lediglich auf diese rund vier Wochen im März und April 2020. Seien Sie bitte deshalb mit Ihrem Urteil über das Buch nicht zu hart. Insbesondere, weil die Situation innerhalb weniger Tage und Wochen schon wieder ganz anders aussehen kann. Bis das Buch im Handel erhältlich ist, werden wohl noch einige Wochen vergehen. Frühestens im Mai oder Juni werden Sie dieses Buch in den Händen halten. Oder das Tablet. Auf der einen Seite hoffe ich, dass das Buch dann noch aktuell ist, damit es sich auch lohnt, gelesen zu werden und es für Sie als Leser interessant bleibt. Auf der anderen Seite wäre es schön, wenn dies nicht der Fall sein sollte, denn das würde bedeuten, dass wir in den nächsten Wochen das Virus besiegt haben. Genau das wünsche ich mir.

Trotzdem hätte das Buch noch einen guten Zweck. Denn wenn mir meine Enkelkinder in einigen Jahrzehnten Fragen zur Corona-Krise stellen sollten, hätte ich wenigstens eine gute Antwort auf diese parat. „Und Opa, was hast du vor 40 Jahren so während der Corona-Krise gemacht? Wie war das damals mit der Hygieneartikelknappheit? Wie seid ihr denn damals aufs Klo gegangen ohne Toilettenpapier?"

Dann muss ich zwar antworten: „Ja tatsächlich, mein Junge oder mein Mädchen, die Regale waren meistens leer. Es gab alle paar Tage herbeigesehnten Nachschub in den Läden, wir sind zum Glück nicht am Toilettenpapiermangel gestorben. Aber es war knapp, denn viele

Leute sind besonders an den Spätfolgen des Klopapierentzuges verstorben. Ja es waren schwere Zeiten, euer Opa hat zu der Zeit viel zu viel Netflix geschaut. Er musste tatsächlich, innerhalb von eineinhalb Tagen, die ganze vierte Staffel von „Haus des Geldes" schauen. Weiterhin musste er eine Menge lustige Memes über sich ergehen lassen, die manchmal sogar zu Lachkrämpfen geführt haben. Doch ich habe die Krise grade so überlebt."

Irgendwie muss ich später ja auch was Vernünftiges erzählen können. Deshalb ist dieses Buch, auch wenn es keine Bedeutung finden wird, mein Joker, den ich bei meinen Kindern oder Enkeln habe, wenn ich erzählen soll, was ich damals während der Krise gemacht habe.

Die süffisante Formulierung soll die Corona-Krise nicht allgemein ins Lächerliche ziehen. Genügend Menschen haben ihr Leben gelassen. Doch unter vergangenen Krisen haben Menschen mehr gelitten. Es soll lediglich verdeutlichen, dass es uns trotz Corona-Krise gut geht. Wenn die aktuelle Krise unser „Krieg" ist, dann geht es uns besser als allen Menschen vor uns.

In diesem Buch geht es um ein Virus, doch das Virus selbst und die Auswirkungen auf den Körper wurden nicht beleuchtet. Dies liegt daran, dass ich Ihnen nicht beschreiben kann, wie eine Infektion mit dem Coronavirus verläuft, da ich das Virus nicht hatte. Zumindest wüsste ich nichts davon. Die Dunkelziffer lässt grüßen. Doch zum tausendsten Mal die Symptome beschreiben wollte ich auch nicht. Wir alle wissen, welche Auswirkungen das Virus auf den Menschen haben kann.

Die Maßnahmen zur Eindämmung waren richtig und vor allem wichtig. Doch auch andere Aspekte wie Freiheit und Wirtschaft dürfen nicht außer Acht gelassen werden. Letztendlich muss jeder seine eigene Meinung entwickeln. Dieses Buch stellt lediglich eine mögliche Sichtweise zu einigen Corona-Themen dar. Ich möchte mir nicht anmaßen, Dinge besser zu wissen als Wirtschaftsfachleute, Virologen und Politiker. Es ist nicht meine Absicht, die ich verfolgt habe, so zu tun, als wüsste ich etwas besser. Denn das tue ich nicht. Das Buch ist lediglich meine temporäre Einschätzung der Krise, aus der Sicht eines gelangweilten Studenten und normalen Bürgers. Mein Ziel war es, zu versuchen, die Corona-Krise zu beschreiben, kritisch zu betrachten und mir eine eigene Meinung zu bilden. Sollte ich Sie bei dem ein oder anderen Thema zum Nachdenken angeregt haben, bin ich zufrieden.

Allen, die Familie, Freunde und Bekannte verloren haben, möchte ich meine Anteilnahme aussprechen. Nochmals mein aufrichtiges Beileid!

Am Ende des Buches möchte ich Ihnen noch ein paar positive Vibes mitgeben. Denn diese sind in den letzten Wochen viel zu kurz gekommen. Hoffnung ist im Leben wichtig! Obwohl vieles hoffnungslos schien, so kann Stand Mitte April in Deutschland mit vorsichtigem Optimismus in die Zukunft geblickt werden. Die letzten Wochen waren anstrengend. Bis der Alltag wieder völlig normal ist, wird noch einige Zeit vergehen müssen. Doch wie sich zeigt, wird sich so langsam und ganz gemächlich an die Normalität herangetastet. Es gibt die ersten Lockerungen. Alles wird wieder gut. Bis dahin lautet das Credo „Durchhalten und stark bleiben“. In diesem Sinne: Lassen Sie sich nicht unterkriegen. Genießen Sie ihre Zeit und seien Sie dankbar für ihre Gesundheit. Kopf hoch! Es kommen auch wieder bessere Tage und bessere Zeiten.

Danke für Ihre Aufmerksamkeit und für das Lesen meines Buches!